FACULTÉ DE DROIT DE PARIS

DE L'OCCUPATION

EN DROIT ROMAIN

DES

BREVETS D'INVENTION

EN DROIT FRANÇAIS

THÈSE POUR LE DOCTORAT

PAR

Henri ALLART

Avocat à la Cour d'appel.

PARIS
IMPRIMERIE MOQUET
11, RUE DES FOSSÉS-SAINT-JACQUES, 11
1877

FACULTÉ DE DROIT DE PARIS

DE L'OCCUPATION
EN DROIT ROMAIN

DES
BREVETS D'INVENTION
EN DROIT FRANÇAIS

THÈSE POUR LE DOCTORAT

SOUTENUE

Le Mercredi 7 Février 1877, à 2 heures

PAR

Henri ALLART

Avocat à la Cour d'appel.

Président : M. LEVEILLÉ, Professeur

SUFFRAGANTS { MM. DUVERGER
DEMANTE
GIDE } PROFESSEURS

{ BOISTEL
LYON-CAEN } AGRÉGÉS

PARIS
IMPRIMERIE MOQUET
11, RUE DES FOSSÉS-SAINT-JACQUES, 11

1877

INTRODUCTION

Si nous jetons les yeux sur les divers objets qui composent notre patrimoine, nous voyons que la plupart, pour ne pas dire tous, nous viennent par transmission de propriétaires antérieurs.

Il est bien rare, en effet, que nous mettions la main sur une chose qui n'appartient à personne.

On conçoit qu'il n'en a pas toujours été de même et qu'il fut un temps où ce qui nous apparaît aujourd'hui comme une exception constituait la règle générale.

En remontant la chaîne des propriétaires qui se sont succédé sur un même objet, nous devons nécessairement rencontrer un homme qui ne tenant son droit que de lui-même, a pu dire : cette chose est à moi — parce que je m'en suis emparé avant tout autre.

L'occupation, tel est donc le fondement primordial de la propriété. Avant d'acquérir par le travail, l'homme a dû prendre possession des choses sur lesquelles il pût exercer son activité industrieuse : ainsi, pour se bâtir une habitation, il lui a fallu tout d'abord occuper un emplacement et s'emparer des matériaux nécessaires à la construction de son toit.

L'occupation se justifie-t-elle comme cause originaire de la propriété? Nous ne croyons pas qu'on puisse raisonnablement le mettre en doute.

Je trouve sur le bord de la mer un coquillage et je m'en empare : sans doute si le hasard ne l'avait pas mis sous mes pas, un autre derrière moi aurait pu le voir et le prendre. Mais est-ce là une raison suffisante pour contester mon droit? — me demandera-t-on quel est mon titre ? C'est précisément la priorité dans l'invention. — Quel titre antérieur et préférable m'opposeraient donc ceux qui discutent la légitimité de mon droit ?

La propriété n'est pas restreinte dans les limites du monde matériel : elle s'étend aux conceptions de l'esprit. Ma pensée m'appartient sous quelque forme qu'elle se manifeste : œuvre littéraire, découverte dans les arts et l'industrie.

Pour avoir été longtemps méconnue, cette propriété n'en est pas moins incontestable : elle existait avant les lois qui l'ont sanctionnée. — Quel est son fondement? le travail et aussi l'occupation.

Celui qui trouve une chose n'appartenant à personne et celui qui met au jour une idée neuve et originale — ont accompli un fait analogue, réclamant la sanction d'un même droit. Cela est si vrai que notre langue n'a qu'un même mot pour les désigner l'un et l'autre : elle les appelle inventeurs.

Les Romains ne songèrent pas à consacrer la propriété littéraire et industrielle ; — mais ce peuple guerrier, dont le premier établissement sur le sol de l'Italie fut un acte de brigandage, devait ranger l'occupation parmi les modes d'acquérir la propriété, et lui donner une place importante dans sa législation.

Tel est l'objet de la première partie de cette thèse ; dans la seconde, nous étudierons, sous une de ses formes les plus importantes la propriété industrielle — telle que le législateur moderne l'a organisée.

CHAPITRE PREMIER.

HISTORIQUE ET CARACTÈRES GÉNÉRAUX DE L'OCCUPATION.

1. — Chez les Romains des premiers âges, la lance était le symbole de la propriété, symbole dont le souvenir se perpétua dans la mise en scène de leurs drames juridiques.

C'est là une preuve certaine que, dès l'origine, à l'époque de la loi des Douze-Tables, l'occupation était le premier moyen d'acquérir la propriété;

2. — Plus tard, lorsque, à côté du domaine romain, *dominium ex jure Quiritium*, se plaça une propriété du droit des gens, *possessio in bonis*, nous voyons les Institutes de Gaius diviser en deux groupes les modes d'acquisition de la propriété : il y en a deux: l'occupation et la tradition, qui appartiennent au droit des gens; les cinq autres sont du droit civil; leur usage est réservé aux citoyens romains : ce sont la mancipation, l'in jure cessio, l'usucapion, l'adjudication et la loi.

3. — L'occupation continue donc toujours à jouer un rôle important dans la législation romaine : placée en tête des modes d'acquérir, elle s'en distingue par son caractère original. Supérieure à la tradition, qui,

comme elle, appartient au droit des gens, elle peut faire acquérir le domaine romain sur toutes les choses *mancipi* ou *nec mancipi*; au contraire, la tradition appliquée aux *res mancipi* les met simplement *in bonis*. A un autre point de vue, l'occupation se distingue des six autres modes d'acquisition de la propriété; comme elle fait entrer dans notre patrimoine une chose qui n'appartenait à personne, il s'ensuit que nous ne succédons à aucun propriétaire antérieur et que, par conséquent, la chose arrive entre nos mains libre de toutes charges.

4. — Bien que la classification de Gaius ait perdu beaucoup de son importance, par suite de la disparition du domaine quiritaire et l'extension du droit de cité à tous les sujets de l'empire, Justinien continue néanmoins à distinguer les modes d'acquérir du droit des gens et les modes du droit civil, faisant remarquer que les premiers sont les plus anciens, et que la nature les a créés en même temps que le genre humain (Inst., l. II, t. 1, § 2).

5. — Après ce rapide aperçu historique, demandons-nous quelles conditions sont nécessaires pour que l'occupation conduise à la propriété.

Il faut : 1° qu'il y ait prise de possession de l'objet qu'on prétend acquérir; 2° que cet objet n'appartienne à personne et qu'il soit susceptible d'appropriation privée.

6. — Ainsi, la possession nous apparaît comme la base de l'occupation; elle doit réunir le double élé-

ment du *factum* et de l'*animus* : la détention effective de la chose et l'intention d'en devenir propriétaire.

7. — Parlons d'abord du premier élément. Il ne suffit pas que j'aie vu l'objet pour en acquérir la propriété; mais est-il nécessaire que je l'aie dans ma main?

Non, la chose m'appartient dès que je m'en suis rendu maître, de telle sorte qu'il soit en mon pouvoir de la prendre effectivement.

Ainsi la bête fauve tombée dans mon filet devient ma propriété avant que je m'en sois saisi. De même encore, l'animal que j'ai tué à la chasse est bien à moi, dès que la flèche l'a frappé, avant que j'aie pu m'emparer de ma proie.

Il n'est pas nécessaire non plus que j'appréhende moi-même l'objet que je prétends acquérir par occupation, car je puis emprunter le *corpus* d'autrui : ainsi, me promenant sur le rivage de la mer avec mon esclave, je lui ordonne de ramasser une pierre précieuse que je viens d'apercevoir; cette pierre m'appartient comme si je l'avais appréhendée moi-même.

8. — S'il est possible d'emprunter le *corpus* d'autrui, il n'en est pas de même pour l'*animus*.

Une personne trouvant une chose qui n'a point de propriétaire s'en empare en mon nom et à mon insu; ou bien même elle s'en saisit par mon ordre, mais sans que je connaisse le fait de l'appréhension; la chose ne m'appartiendra pas tant qu'au fait d'autrui ne se joindra point, chez moi, l'intention d'acquérir la propriété ou la connaissance de la prise de possession effectuée par le tiers.

9. — Cependant les nécessités de la pratique ont fait admettre trois exceptions à ce principe que l'*animus* doit être personnel.

1° Le mandataire qui entre en possession par ordre du mandant, rend celui-ci possesseur avant qu'il ait connu l'appréhension de la chose (Inst. II. IX. § 5). Nous pouvons supposer, par exemple, qu'une personne connaissant l'existence d'un trésor, et se trouvant éloignée du lieu où il est enfoui, donne à un tiers le mandat de le prendre pour son compte. Dans ce cas la possession, et par suite, la propriété du trésor est acquise au mandant avant même qu'il connaisse l'appréhension qu'en a faite le mandataire.

2° Les personnes investies d'un pouvoir légal à l'effet d'administrer les affaires d'autrui acquièrent la possession à leur administré. (Dig. L. XLI. II. l. 1, § 20).

Ainsi les cités, les *infantes,* les fous, incapables d'avoir par eux-mêmes aucune intention de propriété, peuvent acquérir la possession par leurs administrateurs dont ils empruntent l'*animus.*

3° Enfin, les personnes placées sous notre puissance, qui se trouvent à la tête d'un pécule, nous acquièrent la possession, même à notre insu, quand elles appréhendent une chose *ex causa peculiari* (Dig. L. XLI. II. l.1,§ 5). Ainsi mon esclave trouve un trésor dans un fonds qui fait partie de son pécule ; la part de ce trésor qui revient à l'inventeur m'est acquise aussitôt, parceque c'est bien à l'occasion de son pécule que mon esclave en a pris possession.

10. — Pour qu'une chose puisse être acquise par occupation, nous avons vu qu'elle devait être possédée, et nous avons déterminé les caractères que la possession devait offrir pour conduire à la propriété. Mais cette condition ne suffit pas : il faut en outre que la chose soit susceptible d'appropriation privée et qu'elle n'appartienne encore à personne.

Ainsi toutes les choses hors du commerce ne peuvent être acquises par l'occupation, pas plus d'ailleurs que par tout autre mode d'acquisition de la propriété. Ce sont : 1° les *res divini juris* ; 2° les *res communes* ; 3° certaines *res publicæ* ; 4° certaines *res universitatis* ; Les *res divini juris* se subdivisent en *res sacræ, res religiosæ, res sanctæ*. Leur caractère divin les soustrait à l'appropriation des hommes ; « *Quod enim divini juris est, id nullius in bonis est* » dit Justinien.

12. — Les *res communes,* qui sont l'air, l'eau courante et la mer, sont hors du commerce, en ce sens que nul ne peut prétendre sur elles un droit exclusif, bien que chacun puisse s'en approprier une partie pour ses besoins personnels.

13. — Les choses publiques affectées à l'usage de tous les citoyens, comme les routes, les ports, les fleuves, ne peuvent, à cause de leur nature, faire l'objet d'aucune appropriation privée. Quant aux choses formant le domaine privé du peuple, comme les terres conquises sur l'ennemi ou les biens compris dans une succession vacante ; sans doute elles ne peuvent être

acquises par l'occupation puisqu'elles ont un propriétaire. Mais que cet obstacle disparaisse, que le peuple renonce à son droit de propriété, et dès lors ces choses pourront appartenir au premier occupant.

14. — Les *res universitatis* présentent le même caractère que les choses publiques ; elles sont susceptibles de la même distinction et sont régies par les mêmes principes.

15. — Sous un autre rapport, les choses se divisent en *corporelles* et *incorporelles* ; les premières peuvent seules faire l'objet d'un droit de propriété et d'une possession. (L. 3, *pr. De acq. vel amitt. poss.*). Quant aux choses incorporelles, n'étant point protégées par la *rei vindicatio*, elles ne sont pas susceptibles d'un véritable *dominium*.

Ainsi les créances, les servitudes, les hérédités, ne peuvent pas être acquises par occupation : d'ailleurs, pour les créances, il est bien impossible qu'elles n'appartiennent à personne, puisqu'elles supposent nécessairement un sujet actif et un sujet passif : pas de débiteur sans créancier.

Les servitudes et les hérédités sont, il est vrai, susceptibles, les unes d'une quasi-possession, les autres d'une possession *sui generis* pouvant conduire à la prescription, mais n'ayant pas de *corpus*, elles ne peuvent faire l'objet d'une possession proprement dite, ni par suite, être acquises par occupation.

16. — Les choses corporelles se subdivisent en meubles et immeubles.

Tout meuble susceptible d'appropriation privée, et

qui n'a pas encore de maître appartient au premier occupant. Il en est de même, en général, pour les immeubles; mais nous réservons la question de savoir si les terres prises sur l'ennemi deviennent la propriété de celui qui s'en empare.

17. — Nous ne parlons pas d'une dernière division des choses en *res mancipi* et *nec mancipi*, qui avait disparu au temps de Justinien. Les *res mancipi* seules pouvaient être acquises par voie de mancipation, et la tradition ne suffisait pas à en transférer la propriété ; mais nous avons déjà dit plus haut qu'elles pouvaient s'acquérir par l'occupation.

18. — Connaissant par ce qui précède, les choses qui, par leur nature, sont susceptibles d'être occupées, voyons maintenant dans quelles conditions, elles peuvent se trouver sans maître, pour devenir la propriété du premier occupant.

19. — Trois hypothèses sont à examiner :

1° L'objet n'a pas encore eu de propriétaire, comme le gibier, la pierre précieuse qui se trouve sur le rivage. Dans ce cas, l'occupation a lieu sans difficulté. De même, l'ennemi fait prisonnier et le butin pris à la guerre sont censés n'avoir jamais appartenu à personne et sont, par conséquent, acquis au premier qui s'en empare, sous les réserves que nous établirons plus tard.

2° L'objet appartenait à une personne qui a volontairement addiqué son droit de propriété.

Il faudra rechercher si l'abandon a bien été volontaire : condition essentielle pour que la chose soit susceptible d'être acquise par occupation.

3° Le propriétaire de l'objet est inconnu, s'il existe encore, et dans tous les cas, il y a doute sur son existence : c'est un trésor, une épave. Dans ce cas, le législateur cherche à concilier l'intérêt de l'occupant et du propriétaire ignoré.

20. — L'occupation prend des noms différents, suivant les circonstances dans lesquelles elle se produit, et les objets auxquels elle s'applique.

Porte-t-elle sur des objets animés : bêtes sauvages, oiseaux, poissons : elle s'appelle *venatio* ou *piscatio*.

A-t-elle pour objet des prisonniers ou du butin pris à la guerre, toutes ces choses sont comprises dans l'expression *præda bellica*.

S'applique-t-elle enfin à des objets inanimés, elle prend le nom de *inventio* s'il s'agit de meubles, et de *occupatio* s'il s'agit d'immeubles.

Cette classification va servir de base à nos développements.

CHAPITRE II

DE L'OCCUPATION DES ETRES ANIMÉS.

§ *I. Venatio et piscatio.*

(Just. Inst. L. II, T. I. § 12 à 18)

21. — Les Institutes de Justinien contiennent d'assez longs détails sur cette première forme de l'occupation, énumérant les êtres auxquels elle s'applique, précisant les conditions dans lesquelles elle se produit, et les événements qui font perdre la propriété acquise de cette manière.

22. — Parmi les animaux qui peuplent le monde, les uns vivent de leur nature sauvage sans être assujettis à nos services et à nos besoins; les autres au contraire sont asservis, retenus sous notre domination : on les appelle animaux domestiques.

Les premiers seuls, n'appartenant encore à personne deviennent la propriété du premier occupant : ce sont les bêtes sauvages qui vivent sur la terre, la plupart des volatiles, les poissons de la mer et des fleuves. Quant aux poissons que j'élève dans mon étang, ils m'appartiennent comme l'étang lui-même, et nul ne pourrait les y prendre sans commettre un vol.

23.— Les animaux domestiques comme les poules, les oies, etc. etc., ne pourraient être acquis par occupation que si leur maître abandonnait volontairement son droit de propriété.

Jusque-là, se fussent ils envolés de ma maison, hors de portée de ma vue, ils continueraient à m'appartenir, et celui qui s'en emparerait se rendrait coupable d'un *furtum*.

24. — Qu'arriverait-il si une bête sauvage emportait quelque animal de notre troupeau ?

Pomponius se pose cette question dans une espèce où il s'agit de loups ayant ravi les porcs que gardait un berger. Un colon voisin, ses chiens aidant, enlève au loup leur proie. A qui appartiennent les porcs ? Le colon les conservera-t-il en vertu d'une sorte de droit de chasse ? Mon troupeau enlevé par les bêtes sauvages cesse-t-il d'être à moi pour appartenir au premier occupant ?

Pomponius et Ulpien estiment avec raison que les porcs continuent à m'appartenir tant qu'il m'est possible de les recouvrer.

Il en est de ces animaux comme des objets jetés à la mer dans un naufrage; celui qui s'en empare se rend passible de l'action *furti* (L. 44. Dig. de acq. rer. dom.)

25. — A quel moment l'animal que je poursuis à la chasse devient il ma propriété ? Suffira-t-il que je l'aie vu et que mes chiens soient lancés sur ses pas ? Assurément non. Tant que l'animal s'enfuit de sa course rapide, il n'est pas en mon pouvoir; je ne suis pas maître de le saisir quand je voudrai, et par conséquent je ne

le possède pas. Mais si je l'ai blessé de telle façon qu'il ne puisse m'échapper ? Trébatius estimait que la bête m'appartient dès lors et tant que je la poursuis. Mais cette opinion est isolée : la plupart des auteurs et Justinien décident que le chasseur ne devient propriétaire de l'animal que lorsqu'il l'a effectivement appréhendé. Car jusqu'à ce moment, il est possible que l'animal lui échappe malgré sa blessure. Que si mon trait l'a frappé mortellement, il m'appartient dès lors, bien qu'il soit peut-être éloigné de moi par une grande distance.

26. — La bête sauvage qui est tombée vivante entre mes mains est-elle à moi définitivement ? Non ; si elle m'échappe et reprend sa liberté naturelle, elle est censée ne m'avoir jamais appartenu par l'effet d'une sorte de *postliminium* et le premier venu pourra légitimement s'en emparer.

Mais à quel moment l'animal doit-il être considéré comme ayant repris sa liberté naturelle ? Lorsqu'il s'est soustrait à mes regards ou lorsque, bien que je l'aperçoive encore, la poursuite en est difficile.

27 — Peu importe d'ailleurs la cause qui a fait recouvrer à la bête sauvage sa première nature, que cette cause soit licite ou délictueuse. Ainsi s'explique la solution donnée par Proculus dans l'espèce suivante : Vous venez de prendre un sanglier dans votre piége ; j'arrive et je remets l'animal en liberté. Vous cessez dès lors d'en être propriétaire, puisque vous en avez perdu la possession. Aurez-vous au moins contre moi l'action *furti* ? Non, car je ne vous ai rien dérobé, je ne me suis pas rendu coupable de la *contrectatio frau-*

dulosa qui constitue le vol. Vous ne pourrez exercer contre moi qu'une simple action *in factum* pour la réparation du dommage que je vous ai causé. (L. 55, Dig. de acq., rer., dom.)

28. — Certains animaux sauvages de leur nature sont susceptibles d'être apprivoisés, d'être retenus, dans une certaine mesure, sous la domination de l'homme. Telles sont les abeilles qu'on enferme dans les ruches, les pigeons dans les colombiers : ayant l'habitude de s'envoler et de rentrer chaque jour, ils ne cessent pas de m'appartenir pour s'être éloignés momentanément. Il en est de même du cerf que j'ai apprivoisé, et qui, courant en liberté dans les bois, connaît le chemin de ma maison et y revient toujours,

29. — Cependant il est possible que ces animaux cessent de m'appartenir : c'est ce qui arrive lorsqu'ils perdent l'esprit, c'est-à-dire, l'habitude du retour. Recouvrant alors leur liberté naturelle, ils deviennent la propriété du premier occupant.

Le temps après lequel on pourra dire que l'esprit de retour est perdu sera plus ou moins long suivant la nature des animaux et leur manière de vivre. Ainsi les abeilles qui, lorsque la nuit tombe, ont coutume de rentrer dans leur ruche, cesseront de m'appartenir si leur absence se prolonge pendant quelques jours. Mais celui-là, sans aucun doute, se rendrait passible de l'action *furti*, qui, les ayant attirées par ruse, les retiendrait frauduleusement dans sa ruche.

30. — Nous avons dit que la bête sauvage appartient au premier qui s'en empare ; ajoutons qu'il en est ainsi

en quelque lieu que l'animal ait été tué ou saisi : la chasse et la pêche sont permises à tout le monde. Le propriétaire d'un fonds ne peut pas revendiquer le gibier qui a été pris sur sa terre ; il peut seulement interdire l'accès de sa propriété et intenter une action contre celui qui méprise cette prohibition.

31. — La loi 13, § 7, au **Dig.** *de Injuriis* accorde l'action d'injures à celui qu'on empêche injustement de chasser ou de pêcher dans un lieu public. Par analogie nous pensons qu'on peut donner la même action à celui dont on viole la propriété. Mais, nous le répétons, le chasseur n'en reste pas moins propriétaire de sa proie : car l'animal qu'il a pris n'appartenait nullement au maître du terrain sur lequel il passait.

Certains commentateurs, parmi lesquels Cujas, contestent cette opinion en s'appuyant sur la loi 55 au **Dig** (*De acq, rer. dom.*) dont nous avons eu déjà l'occasion de parler plus haut. Proculus, en effet, se demande s'il ne convient pas de distinguer suivant que le chasseur est entré dans le champ avec ou sans l'autorisation du propriétaire. Mais, à la fin de la loi, il repousse cette distinction, déclarant qu'elle ne présente aucun intérêt au point de vue de la question à résoudre.

§ 2. *Præda bellica.*

32. — Les Romains professaient sur le droit de guerre une théorie barbare qui demeura en vigueur jusqu'aux derniers temps de l'empire : nous la retrouvons consacrée dans les Institutes de Justinien. (*L. I, T. III*, § 3). Le soldat ayant le droit de tuer son ennemi vaincu, peut, s'il le préfère, lui laisser la vie. L'esclave est précisément appelé *servus* parce qu'il est d'usage de le conserver *servare*, au lieu de lui donner la mort.

Est-il besoin de montrer l'odieux d'un pareil abus de la force? Sans doute le soldat, sur le champ de bataille peut tuer l'ennemi qui le menace de ses coups ; c'est le droit de légitime défense. Mais une fois cet ennemi vaincu et désarmé, sa vie est inviolable.

33. — Quoi qu'il en soit, il était de principe chez les Romains qu'on devient propriétaire par occupation de tout ce qui est pris à la guerre. « *Ea quæ ex hostibus capimus jure gentium statim nostra fiunt : adeo quidem ut et liberi homines in servitutem nostram deducantur.* (*Inst. L. II, T. I*, § 17). En voyant là un effet du droit des gens, les Romains tenaient pour légitime la spoliation que leurs ennemis pouvaient pratiquer sur eux.

Qu'est-ce que les *hostes*? On désignait par là dans le droit classique les *peregrini* avec lesquels le peuple romain était en guerre (on les appelait à l'origine *perduelles*). Quant aux *peregrini*, qui peuvent devenir *hostes*, ce sont les peuples indépendants, amis, hôtes ou alliés des Romains.

34. — Lorsque Caracalla eut octroyé le *jus civitatis* à tous les sujets de l'empire, le nom de pérégrins ne put s'appliquer désormais qu'aux peuples conquis depuis la Constitution de cet empereur : certains interprètes prétendent même qu'il disparut complétement. Sous Justinien, en dehors des *cives*, il n'y a plus que des barbares.

35. — Pour qu'un peuple soit considéré comme *hostis*, et que ses prisonniers tombent en esclavage, il faut qu'une déclaration de guerre soit régulièrement intervenue entre lui et le peuple romain. L'individu pris par des pirates ou dans une guerre civile se trouve bien dans un état de fait qui a les apparences de la servitude, mais il reste libre en droit (L. XXIV, Dig. *De Capt. et post.*).

36. — Cependant l'état de guerre de nation à nation n'est pas indispensable pour qu'on puisse faire des prisonniers, et par suite des esclaves : entre les Romains et les barbares, c'est-à-dire les peuples qui ne sont ni leurs hôtes, ni leurs amis, le droit du plus fort règne même en état de paix. Le barbare qui tombe au pouvoir des Romains devient leur esclave ; il en est de même du Romain qui se laisse prendre par les barbares (L.V, § 2, Dig. *De Capt.*).

37. — Tout ce que nous disons s'applique non-seulement aux êtres animés, mais encore aux objets de

toute nature qui peuvent être enlevés à l'ennemi pendant la guerre, au barbare en tout temps. L'homme fait partie du butin ; il partage le sort de toutes les choses qui tombent entre les mains du vainqueur, et subit la loi de l'occupation.

38. — Avant de leur être enlevés, les objets qui composent le butin appartenaient aux ennemis : puisqu'ils avaient un maître, comment peuvent-ils être acquis au premier occupant ? La réponse est bien simple : le droit de propriété des ennemis ne compte pas ; aux yeux des Romains, il est dépourvu de toute valeur juridique. Si bien que Paul assimile le butin à l'île née dans la mer ou aux objets trouvés sur le rivage (L. I, § 1, Dig. *de Acq. poss.*).

39. — Si le vainqueur laisse échapper son prisonnier, non-seulement il cesse d'en être propriétaire, mais il est censé ne l'avoir jamais été ; l'esclave recouvre sa liberté, et même on le considère comme ne l'ayant jamais perdue.

Il en résulte que s'il vient à être repris, il appartient au second capteur et le précédent propriétaire ne peut pas le revendiquer.

Réciproquement si le romain captif parvient à s'échapper des mains de l'ennemi non-seulement il recouvre sa liberté et tous ses droits dans l'avenir, mais encore les effets de sa captivité sont rétroactivement anéantis : on le considère comme n'ayant jamais quitté le territoire romain.

40. — Le bénéfice de cette fiction légale appelée *postliminium* est acquis au prisonnier qui s'enfuit pendant

que la guerre dure encore. En serait-il de même après que la paix est conclue? La *loi* 12 *au Dig. de Post.* — semble bien décider l'affirmative : *In pace autem his (postliminium est) qui bello capti erunt, de quibus nihil in pactis erat comprehensum.* Cependant certains interprètes, donnent à ce texte une autre version; au lieu de *nihil in pactis*, ils lisent : *id in pactis* : de sorte que, suivant eux, le captif s'échappant durant la guerre, ne pourrait jouir du *postliminium* qu'en vertu d'une clause expresse des traités. Cette interprétation a l'avantage d'être plus en harmonie avec la suite de la loi .... *spem revertendi civibus in virtute bellica majus quam in pace Romani esse voluerunt.*

41. — Ne peuvent invoquer le droit de *postliminium* : le transfuge, celui qui s'est rendu à l'ennemi avec ses armes, ni le captif qui est revenu dans sa patrie sans l'intention d'y demeurer, comme Regulus qui avait juré de retourner à Carthage — *L.* 5. § 3. *De post.* — Ajoutons enfin que le bénéfice du *postliminium* est refusé à ceux qui s'enfuiraient pendant une suspension d'armes — *induciæ*, 1. 19 § 1 Dig. de Capt.

42. — Nous avons dit plus haut que le prisonnier en échappant aux ennemis, recouvre la position juridique qu'il avait avant sa captivité, mais le *jus postliminii* ne valide nullement les actes qu'il a pu faire, depuis le jour où il a perdu la liberté, jusqu'au moment où il a touché le sol de sa patrie.

Ainsi, le testament fait avant la captivité demeure valable, même si le prisonnier, au lieu de revenir à Rome, est mort chez l'ennemi; car la loi Cornelia le considère comme décédé à l'instant même où il a été pris, c'est à-dire dans l'intégrité de ses droits. Mais le testament fait durant la captivité reste nul malgré le retour du captif, car la confection du testament est un fait et le *jus postliminii* n'a pas de prise sur les faits ; il ne peut modifier que le droit.

43. — Supposons qu'un esclave, pendant la captivité de son maître s'empare d'une chose n'appartenant à personne ? La propriété en sera-t-elle acquise rétroactivement au captif de retour ?

Nous savons que pour acquérir par occupation, il faut posséder; or ici les deux éléments de la possession : l'*animus* et le *corpus* font défaut. Le prisonnier, en effet, ne peut avoir eu pendant sa captivité, qu'un *animus* d'esclave, incapable de produire aucun effet juridique; d'autre part, le *postliminium* ne peut pas faire que, dans la réalité, il ait eu la disposition physique de la chose occupée par son esclave. (L. 44 § 7, *Dig. de usurp. et usuc.*). La règle que cette loi pose dans un cas où il s'agit d'usucapion, s'applique sans difficulté à notre espèce: il faudrait y apporter la même dérogation dans l'hypothèse où l'acquisition se produit *causa peculiari*, à l'occasion du pécule.

44. — Le droit de postliminium s'applique non-seulement aux citoyens, mais encore aux esclaves et à tous les objets qui pourraient avoir été enlevés par l'ennemi. C'est ce qui résulte de la définition large qu'en donne Paul : « *postliminium est jus amissæ rei recipiendæ ab extraneo et in statum pristinum restituendæ...* » (L. 19 *princip. Dig. de capt. et post.*).

Si donc, la chose prise aux Romains retombe en leur pouvoir, au lieu d'appartenir au capteur, elle retourne à son ancien maître, qui est censé n'en avoir jamais perdu la propriété. (L. 19, § 5, *Dig* de capt. et post. L. 20, § 1, *id.*).

Que décider si la chose enlevée au Romain n'est pas reconquise sur l'ennemi, mais rachetée par un autre Romain ? D'après le principe que nous avons posé, il semble que le *redemptor* n'en devient pas propriétaire, mais qu'il peut seulement l'usucaper, s'il est de bonne foi. Cette conséquence a paru inique ; pour y remédier une constitution impériale statua que le *redemptor* serait, dans tous les cas, immédiatement propriétaire de la chose, mais que l'ex-propriétaire aurait une année pour lui rembourser le prix de son achat et recouvrer son droit. Passé une année, une quasi-usucapion protège absolument le *redemptor*. (L. 12, § 7 et 8. *Dig. de capt.*). Cette loi qui statue dans le cas d'un esclave racheté, s'appliquerait sans aucun doute à toutes les choses mobilières.

45. — Il est certaines choses dont la capture entraîne une présomption de lâcheté : par exemple, les vêtements et les armes qu'on a laissé prendre sur le champ de bataille. Ces objets repris à l'ennemi appartiennent au capteur, et leur ancien maître ne peut pas les revendiquer.

46. — Nous avons jusqu'ici laissé de côté une question importante qu'il importe maintenant d'étudier et de résoudre : A qui appartiennent les objets enlevés à

l'ennemi? au soldat qui s'en est emparé ou bien au peuple?

Les Institutes de Justinien posant le principe du droit d'occupation sur les prisonniers et le butin pris à la guerre, ne tranchent pas cette question. Les lois 5 § 7, *Dig. de acq. rer. dom.*, et 1 § 1, *Dig. de acq. poss.* paraissent consacrer d'une façon absolue le droit du capteur. Mais d'autres textes, et la connaissance du droit de guerre en vigueur chez les Romains, nous donnent les éléments nécessaires à la solution de cette difficulté.

47. — Parlons d'abord des immeubles conquis sur l'ennemi.

Tout le territoire de Rome s'est formé par la conquête et l'histoire nous apprend qu'à l'origine, l'Etat fut considéré comme l'unique propriétaire du sol. Varron et Denys d'Halicarnasse rapportent, en effet, que Romulus divisa le territoire conquis entre les trois tribus et le lot de chaque tribu entre les dix Curies qui la composaient. Par ce partage, la communauté qui existait probablement entre les citoyens se restreignit, mais la propriété individuelle n'existait pas encore. C'est Numa qui l'établit en répartissant le sol également entre tous les membres du peuple romain.

L'ensemble des terres ainsi partagées constitua l'*ager romanus* seul susceptible d'un véritable *dominium* privé. Les conquêtes postérieures formèrent un *ager peregrinus* qui resta la propriété du peuple.

Plus tard, à la suite de la guerre sociale, tout le territoire italique fut assimilé à l'*ager romanus;* mais jamais Rome n'abandonna son droit de propriété à l'égard des terres provinciales. Sans doute, la plupart de ces terres furent, soit abandonnées aux peuples vaincus, soit vendues ou concédées à des particuliers, mais l'Etat retenait toujours sur elles un droit supérieur, *le dominium*; les détenteurs de ces fonds n'en étaient pas propriétaires; ils étaient censés n'en avoir que la possession et la jouissance. « *Nos autem possessionem tantum et usufructum habere videmur.* » (*Gaïus, Com. II*, § 7).

48. — Les terres conquises prenaient des dénominations diverses : on les appelait *agri quæstorii* lorsqu'elles étaient vendues au profit du trésor par le ministère des questeurs; *agri assignati* quand elles étaient concédées à des particuliers; *agri occupatorii* quand l'État les laissait ouvertes à qui voudrait les défricher, moyennant une redevance ou gratuitement; *agri vectigales* quand elles étaient données à ferme ou à emphythéose ou même abandonnées en possession indéfinie moyennant une redevance quelconque.

La loi 20, § 1, *au Dig. de Cap.* proclame le droit de l'État sur la terre prise à l'ennemi : « *Publicatur enim ille ager qui ex hostibus captus sit.* »

49. — Faut-il appliquer la même règle aux meubles?

Des textes nombreux nous montrent que le butin n'appartient pas au capteur : c'est d'abord un rescrit de l'empereur Commode qui attribue en entier à l'État, les biens des otages comme ceux des captifs. Une autre loi présente comme coupable de vol sur les deniers publics celui qui dérobe le butin. (L. 13, *ad legem Juliam peculatus*). Enfin, Polybe raconte que les soldats envoyés au pillage devaient rapporter au camp tout ce qu'ils auraient pris, et juraient même de ne rien détourner.

50. — Doit-on conclure de tous ces textes que dans aucun cas l'occupation n'avait lieu au profit du capteur ?

Non ; une distinction doit être établie entre la prise individuelle et le butin fait en commun par l'armée ou une partie de l'armée : celui-là seul appartient au peuple parce qu'il a été l'objet d'une appréhension collective, au nom d'une personne morale. — Quant à la chose prise par l'individu, soldat ou non, agissant de sa propre initiative et sans ordre, elle appartient assurément au capteur. Toutefois le soldat pouvait avoir sa part dans le pillage : car Polybe nous apprend qu'une partie du butin était partagée entre les légions, tandis que le reste était vendu au profit du peuple par le ministère des questeurs.

CHAPITRE III

OCCUPATIO PROPREMENT DITE ET INVESTIO.

51. — Les animaux que nous prenons à la chasse et à la pêche ; les prisonniers et le butin que nous enlevons aux ennemis ou aux barbares, ne sont pas les seuls objets susceptibles d'être acquis par l'occupation. Ce mode d'acquisition de la propriété s'applique encore aux choses inanimées qui sont comprises sous la dénomination générale de *res nullius*.

52. — Il importe ici de prévenir une confusion de mots : nous avons vu que les choses *divini juris* — *sacræ, religiosæ, sanctæ* — sont appelées *res nullius* en ce sens qu'elles n'appartiennent et ne peuvent appartenir à personne, leur nature et leur destination étant inconciliables avec toute idée d'appropriation privée. Les *res nullius* dont nous allons parler maintenant sont celles qui n'appartiennent encore à personne, mais peuvent néanmoins entrer dans notre patrimoine.

53. — Notre examen va comprendre successivement :

1° Les *res communes* ainsi appelées parce qu'elles sont communes à tout le monde : l'air, l'eau courante, la mer et ses rivages ;

2° Les *res nullius* proprement dites qui existent à cet état dans la nature, attendant un maître ;

3° Les choses volontairement abandonnées par leur propriétaire ;

54° Celles enfin dont le propriétaire est inconnu, si toutefois il existe.

§ I. *Res communes.*

Les Institutes rangent les *res communes* dans la classe des choses qui ne sont pas *extra patrimonium*; est-ce à dire qu'elles ne sont pas susceptibles d'être acquises par occupation ? Comprenons bien leur caractère : on peut dire qu'elles appartiennent à tout le monde et qu'elles n'appartiennent à personne. En effet, chacun est libre de respirer l'air qui l'entoure, de puiser l'eau du fleuve ou de la mer; mais nul ne peut prétendre avoir sur l'air et l'eau un droit de propriété exclusive. Les choses communes, en un mot, considérées dans leur ensemble, ne sont pas susceptibles d'appropriation privée ; mais tout le monde peut acquérir la propriété de leurs fragments. Ainsi, la tonne d'eau que je puise au fleuve m'appartient en vertu du double droit de l'occupation et du travail ; elle entre dans mon patrimoine où elle peut acquérir une valeur réelle par suite du transport que j'en aurai fait dans un lieu éloigné et privé d'eau.

55. — Les rivages de la mer sont aussi considérés comme *res communes* dans le sens que nous venons de déterminer. Nul ne peut s'en dire propriétaire, mais chacun peut en acquérir des portions. De nombreuses lois consacrent ce principe : que les constructions élevées sur le rivage et par suite le terrain sur lequel elles reposent, appartiennent à celui qui les a édifiées

(*L*. 3 et 4. *Dig*. *ne quid in hoc publico*... *L*. 5, *Dig*. *De div. rerum L*. 14 *et* 50. *Dig*. *De acq. rer. dom*.)

56. — Mais pour élever ces constructions il faut obtenir un décret du préteur qui ne donnera l'autorisation que si elles ne doivent porter aucun préjudice à l'usage commun et à l'utilité publique.

57. — Jusqu'où s'étend le rivage ? Les Romains l'ont défini : la portion de terres que couvrent les plus hautes marées.

58. — Si je rejette à la mer l'eau que j'y ai puisée ; si ma construction vient à être détruite, mon droit de propriété disparaît par une sorte de *postliminium*; la portion de rivage que j'occupais recouvre sa première nature, c'est-à-dire, redevient commune, et peut appartenir au premier occupant (*L*. 14, *Dig. de acq.rer. dom*.)

59. — Le fleuve est une chose publique dont la propriété est au peuple : mais son eau est commune à tous, de même l'usage de ses rives. Chacun peut y faire aborder des bateaux, y déposer des charges ; mais la propriété de ces rives est aux propriétaires des fonds riverains : ceux-ci ont seuls le droit de couper les arbres qui y croissent, de les tailler, d'en cueillir les fruits, à la condition, bien entendu, de ne rien faire qui nuise à l'usage public. En retour, nul ne pourrait porter atteinte à leur droit de propriété. Par conséquent, celui qui construirait sur la rive ne deviendrait pas propriétaire des constructions (*L*. 15. *Dig. De acq. rer. dom*.), et comme la superficie devient l'accessoire du sol, le riverain pourrait les conserver (*L*. 7, § 10. *Dig. De acq. rer. dom*).

§ II. *Res nullius proprement dites.*

60. — Nous trouvons d'abord les îles nées dans la mer qui deviennent la propriété du premier occupant : *Insula quæ in mari nata est; quod raro accidit, occupantis fit; nullius enim esse creditur* (Inst. Just., § 22, L. II, t. 1, *De div. rer.*). Une pareille acquisition sera bien rare, comme le font observer les Institutes, encore faudra-t-il qu'elle tombe dans des mains assez puissantes pour la conserver. L'île, trop étendue pour qu'un particulier puisse se l'approprier, sera nécessairement acquise par l'État. — Peut-être demandera t-on comment cette île n'est pas commune aussi bien que la mer elle-même? C'est qu'elle n'a pas la même destination; elle n'est pas affectée par sa nature à l'usage public, comme les eaux de la mer, que les besoins de la pêche et de la navigation rendent nécessairement communes à tout le monde.

61. — L'île qui se forme dans les fleuves ou dans les rivières appartient aux propriétaires des fonds riverains, à partir de la ligne idéale que forme l'axe de la rivière, appelée aussi fil de l'eau (Inst., § 22, *De divis. rer.*).

C'est là une conséquence de la propriété des riverains sur le lit du cours d'eau, même lorsqu'il s'agit d'un fleuve considéré comme public. Sans doute, cette propriété se trouve, pour ainsi dire, neutralisée par la nature du fleuve affecté à l'usage public de la navigation et de la pêche. Mais, vienne à disparaître l'obstacle qui paralysait le droit du riverain, celui-ci n'acquiert pas un droit nouveau; il recouvre plutôt la jouissance d'une ancienne propriété devenue libre. C'est ce qu'exprime parfaitement la *Loi* 30, § 1, *au Dig.*, *De acq. rer. dom.* : «...*Solum ipsum meum privatum est, usus autem ejus publicus intelligitur, et ideo, cum exsiccatus esset alveus, proximorum fit, quia jam populus eo non utitur.* ».

62. — Ce que nous disons du lit de la rivière et de l'île qui s'y forme, il faudrait le dire également de l'alluvion qui devient la propriété des riverains, en vertu du même principe.

63. — L'occupation ne joue donc ici aucun rôle; le riverain acquiert l'alluvion, l'île ou le lit abandonné, non pas à titre de premier occupant, mais à titre de propriétaire du lit lui-même. Cela est si vrai que, si nous supposons un cas où le riverain n'a point la propriété du lit, l'île qui se formera dans le fleuve appartiendra au premier occupant, comme celle qui naît dans la mer. Ce cas se présente lorsque la propriété riveraine est un *ager limitatus*, c'est-à-dire une terre qui a été, à une époque quelconque, l'objet d'une limitation publique et solennelle, et dont les bornes sont encore reconnaissables.

Le propriétaire du champ ainsi limité ne peut rien prétendre au-delà et ne profite jamais de l'alluvion ni de l'île formée dans le cours d'eau qui borne son héritage (*L.* 16. *Dig. De Acq. rer. Dom.*)

Cependant on conçoit que l'occupation lui est plus

facile qu'à tout autre : c'est là le seul avantage que lui procure sa qualité de riverain.

64. — De même le lit abandonné par le fleuve qui coulait le long d'un *ager limitatus* cesse bien d'être public; mais il n'appartient pas au riverain; il constitue une *res nullius* susceptible de devenir la propriété du premier occupant. « *Illa insula occupantis fit si limitati agri fuerunt, occupantis alveus est.* » (*L. I.* § 5 et 6. *De flum.*)

Les textes ne s'expriment pas aussi formellement à l'égard de l'alluvion, et certains interprètes en ont conclu qu'elle devait être attribuée à l'Etat. Il nous semble qu'il n'y a pas de raison sérieuse pour distinguer l'alluvion de l'île née dans le fleuve, et nous pensons en conséquence que l'une et l'autre peuvent être acquises par le premier occupant.

65. — Comment s'effectuera l'occupation d'un immeuble, par exemple d'une île née dans la mer? Celui qui veut s'en emparer devra-t-il la toucher effectivement et la parcourir dans tous les sens? Ou bien suffira-t-il qu'il l'ait aperçue, comme semble le dire la *Loi* 1 § 21 *Dig. de. Acq vel amit. poss.* « *Non est enim corpore et actu necesse apprehendere possessionem, sed etiam oculis et affectu.* »

Nous croyons qu'il vaut mieux suivre ici la règle posée plus bas dans la loi 3 § 1 : « *Quod autem diximus, et corpore et animo adquirere nos debere possessionem, non utique accipiendum est, ut qui fundum possidere velit, omnes glebas circumambulet : sed sufficit quamlibet partem ejus fundi introire, dum mente et cogitatione hac*

sit, ut totum fundum usque ad terminum velit possidere.»
Il est naturel que la propriété s'acquière *oculis et affectu* quand il s'agit de la tradition, alors qu'une possession feinte et purement civile peut remplacer le fait réel de la détention physique. Mais dans notre espèce, l'occupation ne peut se produire en vertu d'un simple simulacre : il faut, pour créer le droit naturel qui en découle, l'intervention d'un fait matériel, impliquant d'une façon incontestable la volonté de devenir propriétaire. Sans doute, l'appréhension effective de l'île serait chose impossible mais celui qui veut s'en rendre maître, devra l'aborder sur un point quelconque avec l'intention de l'acquérir dans toute son étendue.

66. — Jusqu'ici nous n'avons parlé que de l'occupation portant sur des immeubles; elle peut aussi porter sur des objets mobiliers, et alors, comme nous l'avons dit, elle prend plus spécialement le nom *d'inventio*.

Ainsi, appartiennent au premier occupant les pierres précieuses et les objets semblables qui sont trouvés sur le rivage de la mer (*Liv.* 1 § 1. *de adq. vel am. poss.*): il convient d'y ajouter les coquilles et autres objets ramassés dans les cours d'eau, pourvu qu'ils n'adhèrent pas au sol, car alors ils seraient la propriété des riverains. Toutes ces choses sont susceptibles d'être acquises par occupation parce qu'elles n'ont jamais eu de maître, et que la nature les offre à qui veut les prendre. Il en est d'autres que leur propriétaire rejette de son patrimoine, et abandonne volonairemen : elles deviennent alors *res nullius* et le premier qui les appréhende en devient maître.

§ III. *Res quæ dominum amiserunt volentem, pro derelicto.*

67. — Lorsque, ayant vendu un objet, je le livre à l'acheteur, celui-ci en devient propriétaire ; mais c'est la tradition et non pas l'occupation qui produit ce résultat. Il en est ainsi toutes les fois que je me dépouille de ma propriété pour en investir une personne déterminée.

68. — Il peut arriver que la tradition et l'occupation concourent pour transférer la propriété d'une chose : ainsi les préteurs et les consuls qui jettent au peuple de l'argent (*missilia*), ignorent en quelles mains il pourra tomber ; mais leur volonté est que chacun acquière ce qu'il ramassera. Ils font une tradition des pièces de monnaie, qui sont ensuite occupées par le peuple : il y a donc là, un double phénomène juridique.

69. — Mais une pareille situation est exceptionnelle : généralement le propriétaire qui abandonne sa chose, le fait sans intention de libéralité et ne songe guère à celui qui profitera de cet abandon.

70. — Pour que l'objet ainsi délaissé devienne *res nullius* et puisse être acquis au premier occupant, il faut 1° que l'ancien propriétaire s'en soit dessaisi effectivement et 2° qu'il ait eu l'intention de le rejeter de son patrimoine.

S'il a encore la chose entre les mains, la lui enlever serait commettre un vol. En vain, prétendrait-on qu'il avait la volonté de s'en dessaisir ; cette volonté ne peut produire aucun effet juridique tant qu'elle ne se manifeste point par un dépouillement effectif. Réciproquement le fait de l'abandon ne constitue pas le délaissement légal, tant qu'il n'est pas accompagné de l'intention de ne plus être propriétaire, si cette intention fait défaut, la propriété subsiste : c'est ce qui a lieu pour les objets que, dans la tempête, on jette par-dessus le bord pour alléger le navire. Celui-là commet un vol, qui les ramasse sur le rivage ou les retire du sein de la mer (*Inst.* § 48 *de div. rer*). Il ne pourrait pas même les usucaper (L. 7. *Dig. pro Derelicto*).

71. — A quel moment précis le propriétaire qui abandonne volontairement sa chose, cesse-t-il de l'avoir dans ses biens? suivant Proculus, son droit de propriété subsisterait jusqu'au moment où la chose est appréhendée par un tiers ; mais Julien pense qu'il est immédiatement perdu par le fait de l'abandon, et Justinien approuve cette manière de voir (L. 2. § 1. *Dig. pro Dereclicto*). Comme conséquence de cette doctrine, l'occupation d'une chose abandonnée ne peut jamais constituer un *furtum*. Au contraire, dans l'opinion des Proculéiens, si le *derelinquers* a repris l'*animus domini* et que cette circonstance soit connue de l'occupant celui-ci se rend passible de l'action *furti* (L. 43. § 5. *Dig. de furtis*).

72. — Mais ce n'est pas la seule différence qui sépare les deux opinions ; il en est une autre qui porte sur la cause même de l'acquisition des choses abandonnées.

Pour les Proculéïens, en effet, cette cause ne peut être que la tradition : le maître qui délaisse sa chose, conservant la propriété, jusqu'au moment où un tiers s'en empare, celui-ci doit être considéré comme l'*accipiens*, l'ancien propriétaire jouant le rôle de *tradens*. L'objet abandonné ne cessera point un seul instant d'avoir un maître : il ne sera donc jamais à l'état de *res nullius* et par suite l'occupation n'en sera point possible. Il en est tout autrement dans l'opinion des Sabiniens à laquelle nous avons vu Justinien se rallier. Si le *derelinquens* perd immédiatement la propriété, la chose objet de cet abandon devient *res nullius*, susceptible par conséquent d'être occupée.

73. — Cette conséquence de la doctrine sabinienne a été cependant contestée. Examinons les arguments qu'on a invoqués pour la combattre : La *loi* 5 § *I Dig. Pro Derel.* assimile la *res derelicta* aux pièces de monnaie jetées dans la foule, et attribue au *derelinquens* l'intention de faire acquérir la chose à un tiers. — Mais il peut arriver que cette intention n'existe nullement, et s'il est constaté qu'elle a fait défaut, dira-t-on que c'est alors l'occupation qui fait acquérir la chose délaissée ? Aucun texte ne nous autorise à faire une pareille distinction.

Tout ce qu'il est permis de conclure de la loi précitée, c'est que, dans les deux cas qu'elle prévoit, il se produit un double phénomène juridique : Celui qui répand de l'argent ou laisse envoler des oiseaux avec la volonté qu'ils appartiennent au premier qui les saisira, celui-là sans doute fait une sorte de *traditio incertæ personœ*, mais c'est l'occupation seule qui peut faire acquérir les oiseaux ou les pièces de monnaie au tiers qui s'en empare. Ainsi s'explique le § 4 6. *De div. rerum* aux Institutes.

On objecte encore que Justinien traite de l'acquisition des choses abandonnées à propos précisément de la tradition. Peut-être n'est-ce là qu'une inadvertance : d'ailleurs les termes qu'il emploie indiquent bien clairement sa pensée de rattacher à l'occupation, l'acquisition des objets délaissés... : *Si rem pro derelicto a domino habitam* OCCUPAVERIT *quis, statim eum dominum effici* (§ 47, *de div. rer.*)

Un dernier argument consiste à dire que la chose abandonnée n'est point comparable à celle qui a toujours été *res nullius :* en effet, l'abandon n'a pas pu effacer les droits réels dont elle était grevée ; celui qui s'en empare étant tenu de respecter ces droits il est, en ce sens, l'ayant-cause du *derelinquens*. Sans doute, répondrons-nous, le propriétaire ne peut pas abdiquer plus de droits qu'il n'en a sur sa chose, ni le premier occupant acquérir plus de droits que n'en avait le *derelinquens ;* mais, dans cette limite, le délaissement et l'occupation qui la suit produisent leur entier effet. La chose abandonnée devient *res nullius* dans la mesure où le propriétaire pouvait la dire dans ses biens, et si le tiers, qui s'en empare, est tenu de respecter les charges qui la grèvent, ce n'est point parce qu'il est l'ayant-cause du *derelinquens ;* mais plutôt parce que l'occupation n'a rien pu lui faire acquérir au-delà de ce que l'ancien propriétaire pouvait lui-même délaisser.

§ IV. *Res quæ amiserunt dominum casu aut invitum :*
thesauri.

74. — Les choses perdues ne peuvent être acquises par occupation ni usucapées ; il en est de même *a fortiori* de celles qui ont été cachées ou enfouies, puisque c'est précisément pour les mieux conserver que leur propriétaire a pris cette précaution. Cependant, lorsque les traces de la propriété ont complétement disparu, les choses cachées sont considérées comme un trésor pouvant être acquis à celui qui le trouve.

75. — La loi romaine définit le trésor : *vetus quædam depositio cujus non extat memoria, ut jam dominum non habeat* (L. XXXI, § 1, Dig. *De Acq. rer. dom.*). Ainsi deux faits constituent le caractère du *thesaurus :* le dépôt de la chose fait autrefois dans un lieu quelconque, et la perte de tout souvenir de propriété sur cette chose. Ces deux conditions réunies permettent de supposer que le maître de l'objet n'existe plus, ou bien qu'il a renoncé à son droit. Faudra-t-il attribuer le trésor à l'inventeur ? D'un autre côté, le propriétaire du lieu où il est enfoui ne pourra-t-il prétendre aucun droit sur cet objet ? Sans doute, le trésor ne peut être considéré comme l'accession du sol ; mais il y a bien quelques probabilités pour qu'il ait été enfoui ou caché par les précédents propriétaires.

76. — Il semble résulter de la Loi I, § 1, Dig. *De jure fisci* que, dans les premiers temps de l'empire,

la propriété du trésor était, dans tous les cas, attribuée au fisc. Mais ce texte doit peut-être s'entendre des cas où, comme nous le verrons plus loin, le fisc avait des droits sur le trésor. Quoi qu'il en soit, c'est l'empereur Adrien qui, en cette matière, a jeté les bases de la dernière législation encore en vigueur chez nous (Inst., § 39, *De div. rer.*). Le trésor appartient à l'inventeur : quand il est trouvé par le propriétaire sur son propre fonds ; s'il est trouvé sur le fonds d'autrui, Adrien en laisse une moitié à l'inventeur, et concède l'autre moitié au propriétaire du sol ; enfin, si le trésor est trouvé sur un terrain sacré ou religieux, Adrien le laissait entièrement à l'inventeur, mais Marc-Aurèle en attribue moitié au fisc (L. III, § 10, Dig. *De jure fisci*). Toutefois, certains interprètes prétendent que cette loi ne statue que sur le trésor trouvé dans les lieux sacrés ou religieux situés en province : ce serait, suivant eux, une conséquence de ce principe qu'autrefois le sol provincial appartenait à l'État. Mais il nous semble plutôt que le texte statue d'une façon générale et sans distinction : la meilleure preuve en est que Marc-Aurèle met sur la même ligne les terrains sacrés ou religieux et les *loci fiscales*, attribuant, dans tous les cas, au fisc la moitié du trésor.

77. — Après Adrien, une constitution des empereurs Gratien, Valentinien et Théodose, n'accorda plus que le quart au propriétaire du fonds. Mais Justinien revint aux règles qu'Adrien avait édictées.

78. — Pour que le trésor soit attribué, moitié au propriétaire du fonds, moitié à l'inventeur, il faut que

celui-ci l'ait trouvé sans le rechercher, par hasard s'il avait fait à dessein des fouilles sur le terrain d'autrui, tout ce qu'il trouverait, serait la propriété du maître du fonds.

Quelle est la cause d'acquisition du trésor ? La part attribuée à l'inventeur lui est certainement acquise par occupation. — Quant à l'autre moitié, nous ne dirons pas qu'elle appartient au propriétaire du fonds *jure soli* suivant l'expression de certains interprètes ; car le trésor ne peut pas être considéré comme l'accession du terrain où il est enfoui. Nous pensons qu'il vaut mieux voir ici une acquisition par la loi (*lege*) : cette cause étant commune à tous les cas où le mode d'acquérir, formellement reconnu par un acte législatif, n'a point reçu de nom spécial et n'est entré dans aucune classification.

79. — Ainsi donc le trésor présente une double nature qui subsiste lors même que, trouvé par le propriétaire sur son propre fonds, il ne subit pas cette division matérielle entre deux personnes. — Dans ce cas, c'est bien le même individu qui l'acquerra, mais à deux titres différents : ainsi, supposons que le mari trouve un trésor, pendant le mariage, sur le fonds dotal ; la totalité lui en sera bien acquise par l'occupation et par la loi ; mais il devra rendre, en restituant la dot, la moitié qui lui sera échue en qualité de propriétaire ; car cette qualité disparaissant, c'est comme s'il avait trouvé le trésor sur le fonds d'autrui. — Quant à l'autre moitié, attribuée à l'inventeur, elle lui sera, bien entendu, irrévocablement acquise (*L.* 7 § 12 *D. Sol. matrim*)

APPENDICE

De l'accession.

80. — En étudiant les diverses formes sous lesquelles l'occupation pouvait se présenter, nous avons vu constamment : d'une part, un objet sans maître, qui entre dans le patrimoine du premier occupant ; d'autre part, une personne qui, pour s'approprier cet objet, opère une prise de possession dont nous avons défini le caractère juridique. Il nous reste à parler d'un genre tout spécial d'occupation se produisant, non par la volonté des personnes, mais à leur insu et même contre leur gré.

81. — Si une chose vient s'incorporer à la mienne, s'identifier avec elle, de manière à n'en plus faire qu'une dépendance, une partie subordonnée, il en résulte à mon profit un accroissement de propriété qui s'opère par la force des choses, indépendamment de toute initiative, de toute volonté de ma part. La majorité des interprètes voient là un mode naturel d'acquérir qu'ils appellent *accession*. Mais il est fort douteux que telle ait été la théorie des jurisconsultes romains. D'abord, ce mode d'acquérir la propriété ne figure dans aucune classification. Bien plus, la langue du droit n'a aucun mot pour le désigner, puisque l'expression latine *accessio* signifie simplement la *chose accessoire*.

82. — Demandons-nous donc en vertu de quelle cause l'*accessio* est acquise au propriétaire de la chose principale à laquelle elle vient se réunir. Cette *accessio* peut être : 1° une chose qui n'appartient encore à personne ;

2° Une chose provenant originairement de la propriété d'autrui, mais sur laquelle il est impossible à qui que ce soit de reconnaître ou de faire constater aucun droit ;

3° Enfin une chose appartenant à autrui.

83. — Dans le premier cas, c'est bien certainement l'occupation qui me fait acquérir une *res nullius*. Seulement, comme nous l'avons fait observer plus haut, ma volonté n'intervient nullement, et c'est par ma chose elle-même que s'opère cette acquisition. Propriétaire d'un objet quelconque, je ne puis l'avoir autrement qu'il n'est ; je subis les effets de toutes ses modifications, qu'il s'accroisse ou qu'il diminue. Il n'est pas même nécessaire qu'il y ait incorporation, absorption complète de la *res nullius* par ma chose ; il suffit d'un rapprochement, d'une adjonction qui constitue la première dans la dépendance de la seconde. Ainsi, j'acquiers la propriété des abeilles et des pigeons sauvages qui, attirés par mes abeilles et pigeons domestiques viennent s'établir avec eux dans ma ruche et dans mon colombier.

84. — Certains interprètes rangent dans ce cas le lit desséché de la rivière et l'île née dans le fleuve ; mais nous avons exposé plus haut notre manière de voir à cet égard. Pour nous, le riverain acquiert l'île, parce qu'il est propriétaire du sol sur lequel coule la rivière ;

et lorsque le lit est abandonné par les eaux, il n'est pas juste de dire que le riverain en acquiert la propriété ; il en recouvre plutôt la jouissance dont il était privé momentanément.

85. — Tout ce que nous venons de dire du cas où l'*aeccssio* est une *rès nullius* s'applique également à l'hypothèse où c'est une chose sur laquelle nul ne peut établir de droit : ainsi les parcelles de limon charriées par un cours d'eau et déposées sur mon héritage riverain, deviennent ma propriété, car personne n'en pourrait établir la provenance, ni par suite les revendiquer (*Inst.* § 20 *liv.* II *t.* 2).

86. — Si l'*accessio* est une chose appartenant à autrui, l'occupation ne peut plus la faire entrer dans notre patrimoine, car nous savons que les choses qui n'ont pas de maître peuvent seules être occupées. — Mais alors, en vertu de quelle cause cette *accessio* est-elle acquise au propriétaire de la chose principale ? Nous pensons que c'est en vertu de la loi, *lege*, conformément au principe que nous avons posé en parlant du trésor.

87. — Il en est ainsi, soit qu'il s'agisse d'un meuble s'incorporant à un autre meuble — ce que les interprètes ont appelé *adjonction* — comme dans le cas où j'ai cousu à mon vêtement la pourpre d'autrui ; soit qu'il s'agisse d'un objet mobilier s'incorporant à un immeuble — comme lorsque j'ai construit sur mon terrain avec des matériaux qui ne m'appartenaient pas « *superficies solo cedit* » (*Gaius* II § 7, 3). — Dans tous les cas, il est bien entendu que le propriétaire de la chose principale ne peut s'enrichir aux dépens de celui

à qui appartenait la chose accessoire qu'il a absorbée : ce dernier pourra donc exercer divers recours dont l'examen n'entre pas dans le cadre de cette thèse puisque l'occupation ne joue ici aucun rôle.

88. — Il nous reste à parler de ce que les commentateurs ont appelé *spécification*.

J'ai fait du vin, de l'huile, avec le raisin, les olives d'autrui ; j'ai fondu un lingot d'argent qui n'était pas à moi pour en former une statue : à qui appartiendra l'objet nouveau créé de la sorte ? Au propriétaire de la matière, disaient les Sabiniens ; au spécificateur, répondaient les Proculéiens. Entre ces deux opinions extrêmes, le jurisconsulte Paul (LL. 24 et 26 § 2. Dig. de acq. rer. dom.) imagina un système intermédiaire qui prévalut et fut définitivement consacré par Justinien (§ 26 *L.* II T. 2).

La chose nouvelle peut-elle être ramenée à sa forme antérieure, elle appartient au maître de la matière ; sinon, elle est la propriété du spécificateur. — Dans le premier cas, nous ne rechercherons pas quelle est la cause de l'acquisition : le propriétaire conserve sa chose, façonnée, il est vrai, et enrichie par le travail d'autrui, mais à vrai dire, il n'acquiert rien de nouveau. Son lingot d'argent pour avoir pris la forme d'une statue, n'a pas cependant changé de nature au point de vue juridique.

89. — Il n'en est pas de même si j'ai fait de l'huile avec les olives d'autrui : ces olives en effet, n'existent plus, j'ai créé à leur place un corps entièrement nouveau dont la loi m'attribue la propriété. J'aurai donc

une action pour revendiquer la chose partout où elle se trouve sauf à payer une indemnité pour la matière, car nul ne doit s'enrichir aux dépens d'autrui. De plus, si le spécificateur a commis un vol, il est tenu de l'action *furti* toute pénale, qui a pour résultat de lui faire payer le double ou le quadruple de la chose volée ; il est soumis en outre à la *condictio furtiva* qui le contraint personnellement à restituer l'objet volé ou son estimation. Cette *condictio* peut être, au choix du poursuivant, suppléée par l'action *ad exhibendum*, par laquelle quiconque justifie d'un intérêt (L. 3 § 9, *Dig. ad exhib.*) peut contraindre le détenteur à représenter la chose, cachée ou détruite de mauvaise foi, et si l'exhibition est rendue impossible, comme dans notre espèce, à payer une indemnité pour le préjudice causé au demandeur.

L'action *ad exhibendum* et la *condictio furtiva* ne pouvaient être cumulées ; mais l'action *furti* pouvait toujours concourir avec l'une d'elles.

90. — Quelle est la cause d'acquisition de la propriété dans la spécification ? Certains interprètes ont vu là un cas particulier d'accession, en ce sens qu'à la matière serait venue s'unir une nouvelle forme et qu'il s'agirait de déterminer ce qui doit être considéré comme principal et accessoire de la forme ou de la matière : point de vue inexact, puisqu'il n'y a rigoureusement ni principal ni accessoire, mais un objet unique, indivisible, nouveau. D'ailleurs, suivant nous, l'accession ne peut jamais être considérée comme un mode d'acquérir la propriété.

91. — Restent la loi et l'occupation. Il nous semble qu'on peut rattacher à cette dernière cause le droit du spécificateur. En effet, la matière qui a formé le nouvel objet n'existant plus, il y a création d'une chose nouvelle, véritable *res nullius* qui devient la propriété du premier occupant, c'est-à-dire de celui qui l'a créée. - Quelque recours que le maître de la matière puisse exercer contre le spécificateur, il n'en a pas moins perdu tout droit de propriété sur sa chose qui, juridiquement, a disparu. L'objet nouveau appartient à celui qui l'a créé : « *quia quod factum est antea nullius erat* » (L. 7, § 7, *dig. de acq. rer. dom*). Le travail nous apparaît ici comme la cause attributive de la propriété, or le travail n'est qu'une forme de l'occupation.

INTRODUCTION.

Donner un puissant essor aux arts et à l'industrie en favorisant les découvertes.

D'autre part, éviter le péril des monopoles en assurant, dans de justes limites, la liberté de la concurrence : tel est le problème qui s'offre à la méditation de l'économiste et du législateur.

Deux intérêts sont en présence, celui de l'inventeur, et celui de la société. Sacrifier l'un à l'autre serait aussi injuste que dangereux.

Pour les concilier, il faut avant tout bien connaître leur nature.

Parlons d'abord du droit de l'inventeur.

S'il est une propriété, dont le fondement soit incontestable, c'est assurément celle qui prend son origine dans l'intelligence et le travail. Personne n'oserait contester que je sois propriétaire des fruits que je recueille dans mon jardin. L'idée qui a germé dans mon cerveau ne m'appartient-elle pas au même titre ?

On a prétendu cependant que l'idée une fois mise au jour tombe dans le domaine public.

Suivant cette doctrine, la découverte ne serait pas plus susceptible d'appropriation privée. « que l'air que tous respirent, et la lumière qui luit pour tous. »

Est-il besoin de montrer l'inexactitude d'une pareille comparaison ?

L'air qui m'environne ne m'appartient pas, parce qu'il appartient à tout le monde, et que je ne puis établir sur lui un droit de propriété antérieur et exclusif. En est-il de même de la découverte, produit du travail et du génie de l'homme ?

L'inventeur n'est-il point fondé à dire : l'idée qui a pris naissance dans mon cerveau ne cesse point de m'appartenir lorsqu'il me plaît de la mettre au jour, elle demeure marquée du sceau de ma personnalité ?

Tant qu'elle était renfermée en moi, j'étais libre assurément de ne jamais la produire. Si je la révèle pour la mettre à exécution, pouvez-vous prétendre que je consens à m'en dépouiller ?

Non, j'en veux faire profiter, il est vrai, mes concitoyens, et l'humanité tout entière, mais je veux aussi m'enrichir par mon invention en usant d'un droit légitime que je ne tiens que de moi-même.

Si le travail est le premier fondement du droit de l'inventeur, ce n'est point le seul. La découverte, en effet, peut être considérée comme une chose n'appartenant à personne et dont la propriété s'acquiert par l'*occupation*.

Sans doute, le vaste champ des études est ouvert à

tous, et l'inventeur d'aujourd'hui n'a peut-être devancé que d'un instant d'autres chercheurs moins heureux.

Mais au moins, ne lui contestera-t-on pas le mérite d'avoir le premier rendu à la société un service qui, sans lui, se serait peut-être fait longtemps attendre. C'est précisément cette priorité qui constitue son droit.

D'ailleurs est-il certain que sa découverte dût nécessairement se produire plus tard s'il ne l'avait pas faite aujourd'hui ? L'histoire de l'industrie nous apprend que bien des procédés de fabrique, tenus secrets par leurs inventeurs, sont restés ensevelis avec eux sans qu'on ait pu les retrouver encore.

Ainsi donc, la propriété de l'inventeur repose sur une double base : le travail et l'occupation.

Mais si ce droit est incontestable, il ne s'ensuit pas qu'il doive être illimité dans son exercice et sa durée.

De quelque nature que soit la propriété, qu'elle porte sur un fond, sur un meuble corporel ou incorporel, la société intervient toujours pour la réglementer et la garantir. Est-ce là tout son droit lorsqu'il s'agit d'une découverte ?

Il semble bien que si l'inventeur est propriétaire, on doive lui reconnaître tous les attributs de la propriété dont l'essence est d'être absolue et perpétuelle. Cette conclusion déduite avec rigueur du principe que nous avons posé serait absolument inattaquable si elle ne violait pas des intérêts d'un ordre supérieur. Et même, sans sortir du domaine de la philosophie, nous montrerons qu'elle ne tient pas compte d'un droit aussi respectable que celui qu'elle invoque.

L'homme qui fait une invention, la doit sans doute avant tout à son travail et à son intelligence. Mais qu'il ne s'empresse pas trop de s'en attribuer absolument le mérite on pourrait à juste titre le taxer d'ingratitude. Pour concevoir son idée, pour la mettre au jour, il ne lui a pas suffi de se replier sur lui-même et de se livrer à ses méditations : quelque puissante que soit son intelligence, si elle n'a pas été cultivée par l'étude et fécondée par l'expérience, elle restera stérile. Pour arriver à la découverte qu'il poursuit, il a dû étudier les travaux de ceux qui l'ont précédé dans la voie des recherches ; et pour mettre son idée à exécution, il a dû se servir des instruments que le génie de l'homme avait inventés avant lui. De telle sorte que toute découverte, quelque nouvelle qu'elle paraisse, est le fruit du travail accumulé des siècles.

La société peut donc légitimement revendiquer sa part dans l'invention, car c'est elle qui en a jeté les premières semences ; c'est elle qui a stimulé l'esprit d'investigation de l'inventeur, et, lui frayant le chemin, a mis à sa portée toutes les connaissances qui l'ont conduit à la création de son œuvre.

Comment donner une juste satisfaction à ces deux intérêts qui sont en antagonisme ? Dépouiller l'inventeur au profit de la société, serait une confiscation inique. Reconnaître à l'auteur de la découverte une propriété absolue et perpétuelle, serait non moins injuste. En outre, il y aurait là un péril manifeste.

En effet, si l'inventeur a le droit d'exploiter sa découverte, sans aucune limitation de durée, nous verrons se créer un nombre infini de monopoles. La concurrence étant dès lors impossible, le consommateur se trouve à la merci de l'exploitant : de là une disproportion inévitable entre les frais de fabrication et le tarif des produits. Enfin, l'industrie pourra tomber en des mains inhabiles, qui ne sauront pas la faire fructifier.

De sorte que tout le monde souffrira de cette situation : le public d'abord, et l'industrie elle-même.

Un premier moyen de parer à ces inconvénients, serait de soumettre l'inventeur à une sorte d'expropriation : l'Etat achetant la découverte pour la faire entrer aussitôt dans le domaine publc. Mais comment trouver entre les deux parties un intermédiaire assez perspicace pour estimer *a priori* la valeur de l'invention et prévoir son avenir.

On a imaginé, au problème qui nous occupe, une solution plus pratique : l'inventeur aura seul le droit d'exploiter sa découverte pendant un temps déterminé ; à l'expiration de ce délai, l'invention tombant dans le domaine public, la société tout entière succédera aux droits d'un seul. Que l'inventeur ne crie pas à l'injustice : le délai qu'on lui impartira sera suffisant pour lui permettre de recueillir de larges bénéfices, d'arriver même à la richesse si son invention est vraiment utile. Une fois dépouillé de son droit exclusif, il se trouvera dans les meilleures conditions pour faire une concurrence heureuse à ceux qui, s'emparant de son idée, l'exploitent à leur tour. L'expérience acquise par l'exécution, lui donnera à cet effet des armes puissantes.

Pour être ainsi limité dans sa durée, le droit de l'inventeur cesse-t-il d'être un véritable droit de propriété? Bien que ce soit là une opinion défendue par les esprits les plus autorisés, il nous semble qu'on peut la combattre par de solides raisons.

Il a été dit maintes fois que la découverte créait un contrat entre son auteur et la société : celle-ci recevant un service et donnant une récompense ; l'inventeur, en échange des produits de son intelligence, recevant l'avantage d'une exploitation exclusive de sa découverte pendant un temps déterminé. — Ainsi, d'après cette manière de voir, le droit de l'inventeur ne serait autre chose qu'un privilége, une rémunération.

Ne pouvons-nous pas définir plus exactement la situation, en disant que la découverte crée entre son auteur d'une part et la société de l'autre, un droit de copropriété? Pour sortir d'une indivision stérile, pleine de difficultés insolubles une transaction est nécessaire ; l'inventeur abandonne un droit perpétuel et reçoit en échange la garantie d'une propriété temporaire, avec une jouissance immédiate ; la société renonce momentanément à l'exercice de son droit, et acquiert, comme prix de ce sacrifice, une propriété suspendue pour un temps, mais perpétuelle.

Sans doute, la propriété est de son essence perpétuelle et absolue, caractères que nous ne retrouvons pas dans le droit de l'inventeur.

Mais devons-nous pour cela refuser d'y voir une véritable propriété ?

M. Pouillet, dans son Traité des brevets d'invention et de la contrefaçon (p. xiv, note 1) nous paraît avoir fait à cette objection la réponse la plus simple et la plus décisive.

« Pourquoi, dit-il, ne pas admettre qu'il y ait deux sortes de propriétés : l'une dans l'ordre physique, et celle-là perpétuelle, l'autre dans l'ordre intellectuel et celle-ci temporaire ?

Pourquoi s'obstiner à les confondre et repousser l'une sous prétexte qu'elle ne saurait s'accommoder des règles de l'autre ? »

Mais, dira-t-on peut-être, qu'importe cette discussion? Que le droit de l'inventeur soit qualifié de privilége ou de propriété, la loi le reconnaît et le sanctionne : n'est-ce pas là l'essentiel ?

Oui, sans doute, dans l'état actuel de la législation, la doctrine que nous voudrions faire prévaloir, ne présente qu'un intérêt purement métaphysique. Mais, si au lieu de voir une véritable propriété dans le droit de l'inventeur, vous n'y voyez qu'un privilége, une récompense, ne pouvons-nous pas craindre que la société ne retire un jour le privilége sans donner la rémunération ?

N'est-il pas imprudent de laisser la porte ouverte aux doctrines qui ne reculent pas devant la consécration d'une injustice aussi flagrante ?

Affirmons au contraire, que la découverte constitue pour son auteur, une véritable propriété, et nous rendrons ce droit inviolable, le mettant à l'abri des attaques et des vicissitudes de la législation.

L'étude des brevets d'invention est considérée comme une branche importante de ce qu'on appelle le droit industriel : sans doute, parce qu'elle intéresse tout spécialement l'industrie, où elle trouve son application pratique. Il serait plus logique cependant de rattacher les brevets à la propriété intellectuelle, car la découverte, comme l'œuvre littéraire et artistique est une conception de l'esprit. Le droit industriel, et alors la classification est bien exacte, comprend encore les marques de fabrique dont la propriété est consacrée par la loi du 23 juin 1857.

Pour s'appliquer à des objets divers, et par suite comporter des règles différentes, les brevets d'invention, les marques de fabrique, la propriété littéraire et artistique, présentent cependant des caractères communs qui nous donneront le prétexte de quelques rapprochements utiles.

HISTORIQUE.

La notion de la propriété industrielle est toute moderne : il faut arriver au XVIIIe siècle pour la voir formulée nettement, mais c'est à la Révolution qu'était réservé l'honneur d'en proclamer le principe et de l'introduire dans la législation.

Le système des maîtrises et des jurandes qui couvrait autrefois la France n'était guère propre à favoriser le développement de l'industrie.

Sans entrer dans le détail de leur organisation et de leurs règlements, voyons ce qu'étaient les corporations de l'ancien régime. Leur origine remonte à la plus haute antiquité. Nous la trouvons dans les *collegia opificum* des Romains, et dans les *ghildes* de l'époque germanique et gallofranque.

Les membres de la ghilde promettaient, par serment, de se défendre l'un l'autre et de s'entr'aider comme des frères. On comprend le bienfait de ces associations, qui, au milieu des troubles d'une société naissante, offraient refuge et protection aux gens de même métier contre les abus de la force et de la violence.

Aussi les corporations s'organisèrent-elles de toutes parts, mais avec des variétés infinies dans le détail de leur constitution. Il est facile cependant de dégager des règles communes. chaque corps de métier était régi par un conseil des principaux maîtres élus par ses membres. La réunion de ces chefs appelés syndics-jurés ou prud'hommes portait le nom de syndicat ou de jurande. Pour devenir maître, il fallait faire un apprentissage quelquefois très-long ; mais le népotisme avait ses faveurs et le fils succédait à son père sans autre formalité.

Enfin l'aspirant à la maîtrise devait prouver sa capacité en faisant son chef-d'œuvre soumis à l'examen des prud'hommes.

La royauté intervint de bonne heure dans l'organisation des corps de métiers, pour leur imposer des statuts et en surveiller l'exécution. C'est ainsi que sous le règne de Saint-Louis, le prévôt de Paris, Etienne Boileau rédigea le *Livre des métiers* contenant les statuts de la plupart des corporations industrielles de Paris.

A peine est-il besoin de montrer les inconvénients de cette institution qui créait entre les villes, et, dans chaque ville entre les diverses corporations une source de rivalités sans fin.

En outre, l'accès de la corporation était difficile, réservé à un petit nombre de privilégiés. Le monopole tuait la concurrence et par suite étouffait l'industrie.

La philosophie du XVIIIe siècle attaqua vivement le système des maîtrises et des jurandes, et trouva dans Turgot un disciple tout prêt à mettre en œuvre ses idées de réforme.

Il faut lire le préambule de l'édit de 1776.

On y voit le tableau de la situation malheureuse faite à l'industrie ; la propriété la plus sacrée et la plus imprescriptible de toutes, méconnue ; l'émulation, l'esprit de découvertes arrêtés dans leur essor ; l'industrie surchargée d'impôts qui la ruinent ; les manœuvres les plus odieuses favorisées par le monopole ; les denrées nécessaires à la subsistance du peuple portées à un prix excessif. C'est pour mettre un terme à tous ces abus ; c'est au nom du « droit de travailler » que Turgot abolit les maîtrises et les jurandes. Mais les corporations étaient encore assez puissantes pour résister à cet arrêt de mort : Turgot tomba en disgrâce et la réforme partageant la même fortune fut ajournée.

Nous avons vu combien le système des corporations était fatal à l'industrie : une autre entrave au génie de la découverte résultait des règlements généraux et particuliers relatifs aux manufactures et fabriques du royaume : certains procédés de fabrication étaient rigoureusement prescrits ; il était interdit d'en introduire d'autres.

De sorte que l'inventeur arrêté souvent au seuil de la corporation ne trouvait aucune issue pour son intelligence et son travail. Il pouvait à la vérité obtenir le droit d'exploiter exclusivement et librement sa découverte ; mais pour cela, il lui fallait s'adresser au pouvoir qui dispensait ces priviléges sans justice et sans impartialité.

L'intrigue l'emportait toujours sur le vrai mérite, et que de fois ne vit-on pas des inventeurs rebutés dans leur patrie porter au dehors les découvertes les plus utiles qui auraient pu procurer honneur et profit à la France !

Ces privilèges n'étaient pas seulement distribués d'une façon arbitraire : les conditions de leur concession étaient aussi soumises au régime du bon plaisir ; leur durée même était variable et quelquefois illimitée. Cependant la déclaration du 24 décembre 1762, fixa le terme des concessions à quinze ans, sauf prorogation quand il y aurait lieu.

Dans la nuit du 4 au 5 août 1789, l'Assemblée constituante abolit les privilèges, supprima les corporations d'arts et métiers et proclama le principe de la liberté du commerce et de l'industrie. Mais il ne suffisait pas de détruire : les lois des 7 janvier et 25 mai 1791 donnèrent une législation aux inventeurs.

Avant cette époque l'Angleterre seule, par le statut de 1623, avait réglementé la propriété industrielle en instituant les patentes. Comment cet exemple n'a-t-il pas été suivi plus tôt ? Nous avons vu qu'en France le système des maîtrises et des jurandes résistait à toute idée réformatrice. Des obstacles de même nature s'élevaient de toutes parts. Mais si le progrès se fit trop longtemps attendre, c'est la France qui donna le signal et qui la première adopta la théorie consacrée depuis plus d'un siècle en Angleterre. — Il est vrai qu'elle avait été devancée par l'Amérique du nord où la constitution des Etats-Unis du 15 septembre 1787, proclama le principe de la propriété industrielle ; mais ce principe ne reçut de sanction que plus tard, par des lois successives dont la première est du 21 septembre 1793.

Nous n'avons pas l'intention d'étudier en détail les

dispositions de la loi de 1791 qui ne sont plus en vigueur. — Contentons-nous pour le moment de citer l'art. 1 qui pose en quelque sorte la première pierre de l'édifice : « Toute découverte ou nouvelle invention, dans tous les genres d'industrie est la propriété de son auteur : en conséquence, la loi lui garantit la pleine et entière jouissance, suivant le mode et pour le temps ci-après déterminés. »

D'ailleurs, toutes les fois que nous trouverons dans la loi de 1791, des dispositions importantes qui sont abrogées par la législation actuelle, nous ne manquerons pas de les mentionner en les appréciant.

CHAPITRE I.

DISPOSITIONS GÉNÉRALES

§ I. — *Notion du brevet.*

1. — L'art. 1er de la loi du 5 juillet 1844, consacre le droit de l'inventeur : mais observons que le mot de propriété ne s'y trouve point écrit. Il semble même que le législateur ait pris soin de l'éviter en y substituant une expression moins précise : qu'est-ce que « le droit exclusif d'exploiter la découverte » sinon un véritable droit de propriété ? Mais nous ne voulons pas renouveler ici une discussion que nous croyons avoir déjà épuisée.

2. — Quelle que soit la nature du droit de l'inventeur, voyons comment il s'acquiert, par quel titre il se constate.

Ce droit étant limité dans sa durée, il importe d'en fixer le point de départ. D'un autre côté, la même découverte pouvant être faite par plusieurs personnes, dans un court espace de temps, il importe de bien établir la priorité du premier inventeur : c'est là, le double but du brevet.

Le brevet d'invention, peut être défini : un titre officiel indiquant l'heure, le jour, la nature et l'auteur de la découverte. C'est, comme on l'a dit spirituellement, l'acte de naissance de l'invention. Le préfet joue ici, le rôle d'officier de l'Etat civil : il reçoit les pièces, enregistre la demande ; mais, comme nous le verrons, c'est le ministère de l'agriculture et du commerce qui délivre le brevet.

3. — Sans doute, le droit de l'inventeur procède de la découverte elle-même ; mais ce droit, n'est protégé par la loi, que s'il est constaté par un titre. Jusque-là, en vain l'auteur de l'invention invoquerait-il, pour le prouver, les circonstances les plus probantes, les témoins les plus dignes de foi, s'il n'a point pris de brevet, sa prétention sera fatalement repoussée. La loi met à sa disposition un moyen facile et sûr d'établir son droit, s'il ne l'emploie pas, il est victime de sa négligence. C'est ainsi qu'en matière civile la prescription d'un acte translatif de propriété ne saurait être remplacée par aucun acte équivalent.

Conformément à ces principes, la Cour de cassation a jugé que le dépôt fait au conseil des prud'hommes ne pouvait pas garantir la propriété d'une invention (10 mars 1856 et 20 avril 1853), le dépôt protége bien le dessin de fabrique, mais non le procédé ou le produit industriels qui sont essentiellement brevetables.

§ II. — *Brevetabilité.*

4. — Nous allons aborder une des matières les plus importantes, la plus délicate peut-être, de notre étude. Dans quels cas la loi accorde-t-elle des brevets ?

5. — Il faut tout d'abord qu'il y ait *découverte* ou *invention*. La loi autrichienne de 1852 (art. 15) a créé une distinction légale entre ces deux mots : elle réserve le nom d'invention à ce qui est nouveau et réputé découverte brevetable toute reproduction d'un produit industriel anciennement exercé, mais qui serait perdu depuis ou qui serait inconnu en Autriche. — Observons de suite qu'ainsi définie, la découverte ne serait point brevetable en France, comme nous l'expliquerons plus tard. Chez nous, le législateur n'a pas cru devoir établir de distinction entre l'invention et la découverte — les deux mots sont employés indifféremment, dans le langage du droit comme dans celui de la pratique. Toutefois, si l'on veut préciser rigoureusement le sens grammatical des mots, on peut dire avec M. Nouguier que « l'invention produit quelque chose de nouveau qui n'existait pas auparavant ; la découverte met en lumière quelque chose qui existait, mais qui, jusqu'alors avait échappé à l'observation. »

Ainsi Pascal a inventé la brouette ; et Gavini a découvert l'électricité. Mais nous le répétons, cette distinction ne présente aucun intérêt au point de vue juridique.

6. — Ainsi donc, la découverte et l'invention sont brevetables au même titre ; mais il faut bien entendu, qu'elles présentent un caractère de nouveauté que nous déterminerons plus tard ; il faut en outre, qu'elles soient du domaine de l'industrie. C'est ce qui résulte clairement des art. 1 et 2 de la loi de 1844 ; d'ailleurs ce principe est écrit dans toutes les législations.

Point de brevet, par conséquent, pour les conceptions purement théoriques, pour les systèmes abstraits et les méthodes qui s'adressent uniquement à l'intelligence. Les tribunaux ont fait une saine application de cette règle, en invalidant un brevet qui avait été pris pour une méthode de lecture. (Grenoble, 24 décembre 1842 ; Rej. 22 août 1844).

7. — Pour que l'invention soit brevetable, suffit-il qu'elle se rattache à l'industrie ? Non ; il faut encore qu'elle puisse être réalisée, qu'elle soit susceptible de donner un résultat industriel. Mais, on doit entendre cette règle d'une manière raisonnable, et ne pas en exagérer la portée. L'imperfection d'un mécanisme ne fait pas obstacle à sa brevetabilité, si d'ailleurs il réalise dans une certaine mesure le résultat annoncé. (Paris, 28 mars 1865).

8. — Dès que la découverte présente les caractères que nous venons de déterminer, elle est brevetable, quelle que soit son importance ou son mérite. Si les grandes inventions avaient seules le privilége d'être garanties par un brevet, combien peu mériteraient cette faveur ! Et puis, telle découverte dédaignée aujourd'hui, réserve peut-être à son auteur et à la société qui en profitera, un succès inattendu. (Paris, 15 juin 1861).

D'autre part, il n'y a pas à tenir compte du plus ou moins de travail qu'a pu demander l'invention. Fût-elle le résultat d'un pur hasard, elle serait tout aussi bien brevetable que si elle avait coûté de longs et pénibles efforts.

Ajoutons enfin que la découverte est susceptible d'être brevetée, à quelque genre d'industrie qu'elle appartienne. Toutefois, le tribunal de la Seine (14 mars 1844), a déclaré non brevetable, un procédé nouveau d'embaumement, sous le prétexte que le corps humain ne pouvait, ni avant ni après le décès, être réputé marchandise et rangé dans la classe des objets d'industrie. Cette décision peut être critiquée ; nous estimons avec M. Blanc que « c'est le procédé seul qu'il faut envisager, abstraction faite de l'objet auquel il s'applique. »

9. — Toutes les notions générales que nous venons d'exposer sont déduites des deux premiers articles de la loi de 1844, dont il nous faut maintenant faire une étude plus approfondie.

Après avoir disposé en principe (dans l'art. 1) que toute nouvelle découverte ou invention dans tous les genres d'industrie, pouvait être la matière d'un brevet, le législateur, dans l'article suivant, précise sa pensée et lui enlève son caractère de généralité, en spécifiant ce qu'il faut entendre par invention ou découverte nouvelle. C'est : 1° l'invention de nouveaux produits industriels ; 2° l'invention de nouveaux moyens ; 3° ou l'application nouvelle de moyens connus pour l'obtention d'un résultat ou d'un produit industriel. Nous reprendrons tout-à-l'heure en détail, chacun des termes de cette énumération limitative.

10. — Dans la discussion de la loi au Corps législatif, on prétendit que l'art. 2 était inutile en présence du principe de non examen préalable. Le rapporteur Philippe Dupin fit observer que cette disposition ne

présentait sans doute aucune utilité pour la délivrance du brevet; mais qu'elle était écrite pour servir de règle aux tribunaux dans l'appréciation ultérieure qu'ils auraient à faire des brevets délivrés. L'article fut maintenu. Il importe donc de ne pas perdre de vue sa destination et sa portée : il contient une définition plus explicite de l'art. 1er, rien de plus. Peut-être alors eût-il été plus logique de le renvoyer au titre IV. que nous étudierons plus tard. Quoi qu'il en soit, il ne nous semble pas nécessaire d'abandonner l'ordre des textes et nous allons examiner en détail la nomenclature que nous offre l'art. 2.

1° *Nouveaux produits industriels.*

11. — On peut définir le produit industriel : « un corps certain susceptible d'entrer dans le commerce ou la consommation, soit que la main des hommes l'ait fabriqué et façonné, soit que leur travail et leur intelligence l'aient conquis sur la nature matérielle.» (Nouguier.) Ainsi un appareil, une étoffe, un produit chimique sont des produits brevetables.

Le produit est susceptible d'être breveté en lui-même, indépendamment des moyens mis en œuvre pour l'obtenir : celui-là se rendrait donc contrefacteur qui le fabriquerait à l'aide de procédés différents et nouveaux.

12. — Il n'en est pas de même du *résultat* industriel.

l'inventeur peut bien empêcher qu'un autre ne l'atteigne par les moyens décrits au brevet ; mais là se borne son droit. En un mot, le résultat n'est point brevetable en lui-même, indépendamment des procédés employés pour le produire. Le brevet ne sera donc pas valable s'il se borne à indiquer le résultat sans faire connaître les moyens propres à sa réalisation. La jurisprudence est unanime sur ce point.

Qu'est-ce que le résultat ? C'est l'effet nouveau obtenu, le changement apporté dans la fabrication du produit. Ainsi, cet exemple s'est présenté devant les tribunaux, l'idée de rendre un chapeau susceptible de s'ouvrir et de se fermer à volonté, constitue un résultat. La Cour de cassation a refusé d'y voir la matière d'un brevet, parce que l'inventeur n'avait pas indiqué les moyens d'exécution de son idée. (Rej. 26 mars 1846.)

Il importe donc de bien distinguer le résultat du produit : la différence qui les sépare a été parfaitement mise en relief par le rapporteur de la loi à la Chambre des Pairs, M. Barthélemy : « Lorsque, dit-il, on mettait de l'eau dans une chaudière destinée à produire de la vapeur, il s'incrustait à ses parois des matières blanchâtres qui détruisaient cette chaudière : on a trouvé le moyen, en y introduisant des pommes de terre, d'éviter l'incrustation. Il n'y a pas là un produit industriel, mais il y a un résultat industriel ; en ce sens que les chaudières ne sont plus minées par ces espèces de petites croûtes qui se formaient sur leurs parois.

13. — En définissant le produit, nous avons dit qu'il était brevetable, soit qu'il ait été fabriqué par

l'homme, soit qu'il ait été conquis sur la nature matérielle. Cependant quelques auteurs pensent que le produit naturel n'est pas susceptible d'être breveté ; ils en donnent pour raison que l'activité humaine n'entre pas comme élément dans une pareille découverte, et qu'il serait dangereux de voir monopoliser dans les mains d'un seul, un corps naturel dont l'usage peut rendre de grands services à la société tout entière.

Nous répondrons d'abord que la loi déclare le produit brevetable, sans distinction. Ensuite, ne peut-il pas se faire que la découverte d'un corps naturel ait nécessité de longues recherches ? D'ailleurs, nous savons qu'il n'y a pas à tenir compte du plus ou du moins de travail que l'invention a pu coûter à son auteur. Enfin, il nous serait facile de citer des produits fabriqués par l'homme, dont l'utilité générale est incontestable. Cependant, personne n'oserait partir de là pour en dépouiller l'inventeur.

14. — La même question se présente pour le phénomène naturel, et nous ne croyons pas être inconséquents avec nous-mêmes en lui donnant une solution contraire. En effet, le phénomène naturel présente le caractère du résultat : il n'est pas brevetable en lui-même. Mais que celui qui le découvre en décrive une application pratique ; alors, sans aucun doute, il pourra se faire breveter. Ainsi, cette loi connue en mécanique : à savoir que les corps enfoncent d'autant moins dans un sol mou que leur surface de contact avec le sol est plus grande, cette loi assurément ne

peut être matière à brevet. Mais l'application qu'on en a faite à la construction des voies ferrées était brevetable au premier chef (Paris, 5 juillet 1859).

Remarquons-le donc bien, si le phénomène naturel n'est point brevetable, ce n'est pas, comme on l'a dit, parce que c'est un présent gratuit de la Providence, offert directement par elle à l'humanité, c'est uniquement parce que le brevet ne peut pas avoir pour objet un résultat immatériel, une idée purement théorique, sans indication des moyens qui la réalisent.

Après ce que nous venons de dire, il est inutile d'ajouter que nous n'admettons pas la validité de ce qu'on appelle les « brevets de principes. »

Celui qui découvre une loi de la nature peut bien se faire breveter pour l'application spéciale qu'il en indique ; mais comment pourrait-il prétendre s'approprier du même coup toutes les applications ultérieures que l'expérience fera naître ?

2° *Nouveaux moyens.*

15. — Les moyens sont « tous les procédés matériels, toutes les combinaisons scientifiques qui procurent un produit ou un résultat. » (Nouguier).

On comprend sans peine pourquoi le moyen nouveau est brevetable : inventer pour la fabrication d'un produit un procédé inconnu jusqu'alors, c'est rendre à l'industrie autant de service qu'en a rendu l'inventeur du produit lui-même.

Peu importe, d'ailleurs, la nature du moyen nouveau : qu'il soit matériel, comme l'emploi du warech pour faire de la soude ; qu'il consiste dans une combinaison chimique ou même géométrique, comme la réduction au trentième de la surface d'un châle, du dessin à imprimer, qui, auparavant, occupait le quart de la surface du châle (Cass. 21 avril 1854).

Le moyen est-il susceptible de donner un résultat ou un produit industriel ? D'autre part, est-il nouveau ? Il lui suffit de présenter ces deux caractères pour être brevetable.

16. — Demandons-nous maintenant quelle est l'étendue du brevet pris pour des moyens et procédés nouveaux. Si l'inventeur a déclaré expressément qu'il entendait s'assurer l'exploitation exclusive du procédé — quels qu'en puissent être les produits et les résultats : nul ne pourra se servir du même moyen sans se rendre contrefacteur.

Que si au contraire le breveté, spécialisant l'application du moyen nouveau, n'a entendu s'en réserver l'usage que pour un but déterminé, chacun est libre de l'employer pour l'obtention d'un résultat différent. Les juges saisis d'une contestation à ce sujet devront examiner les termes du brevet qui forme la loi de l'inventeur.

3° *Application nouvelle de moyens connus.*

17. — On peut dire que presque toutes les inventions modernes se rattachent à cette troisième caté-

gorie. Les créations vraiment originales sont en effet bien rares ; tandis que nous voyons l'activité humaine sans cesse occupée à réunir, combiner d'une façon nouvelle les agents et les moyens déjà connus. — La loi, on le comprend, devait encourager ce travail incessant, et récompenser ses résultats heureux.

18. — Pour que l'application nouvelle soit brevetable, il importe peu que le résultat ou le produit obtenu soit nouveau lui-même : il suffit de lire le § 3 de l'article 2 pour se convaincre qu'il n'exige pas cette condition. L'exemple suivant va faire comprendre l'idée du législateur : le gaz d'éclairage est un produit bien connu et l'électricité n'est pas un moyen nouveau : celui qui le premier appliquerait l'électricité à la production du gaz, celui-là ferait une application nouvelle essentiellement brevetable.

Les magistrats, en présence d'un brevet pris pour une application nouvelle, doivent donc rechercher uniquement si le moyen employé par le breveté ne l'avait pas été déjà dans le même but, pour l'obtention d'un résultat ou d'un produit identique.

Un brevet fut pris, il y a une dizaine d'années, pour la confection de la poudre de guerre, au moyen de la vapeur surchauffée. Les juges, saisis de la validité de ce brevet, étaient en présence d'un produit connu, la poudre de guerre; et d'un moyen que l'industrie employait déjà à la préparation du noir animal. Cependant ils ont dû reconnaître qu'il y avait dans l'espèce une application nouvelle de moyens connus, brevetable aux termes de l'art. 2. Si le produit, en effet, n'était pas nouveau, il n'avait jamais été obtenu par la vapeur surchauffée : le brevet fut donc validé à juste titre (Paris, 16 juillet 1869).

La jurisprudence est unanime pour consacrer cette manière de voir, conforme à l'esprit et à la lettre de la loi.

19. — Il peut arriver que l'application nouvelle de moyens connus amène un résultat industriel nouveau : elle sera, dans ce cas, brevetable à un double titre ; et les juges ne pourraient pas annuler le brevet sous le prétexte que l'application nouvelle n'existerait pas. La nouveauté du résultat, et l'indication d'un moyen pour l'obtenir, constituent les éléments suffisants de brevetabilité.

20. — Bien des industriels se méprennent sur le sens exact de cette expression de la loi « application nouvelle, » et se croient inventeurs pour avoir imaginé simplement l'*emploi nouveau* d'un appareil ou d'un procédé connu. Les tribunaux ont eu souvent l'occasion de prononcer la nullité de brevets pris dans ces conditions. Ainsi, pour ne citer que quelques exemples, il a été jugé qu'il n'y avait pas application nouvelle à employer pour des bagues, un système de fermeture à charnière depuis longtemps en usage dans la bijouterie pour les bracelets, (Paris, 10 décembre 1657 ;) qu'il n'y a pas davantage application nouvelle dans le fait d'appliquer à la reproduction de la musique des procédés photographiques, depuis longtemps en usage pour la reproduction de tous dessins, gravures et écritures (Trib. corr., Seine, 26 fev. 1855), etc., etc.

Ces décisions nous paraissent inattaquables; celui-là n'invente rien qui s'empare d'un moyen connu, et sans modifier en quoi que ce soit l'usage qu'on en a fait jusqu'alors, se contente de l'employer pour une autre matière ou pour un autre objet. La plupart des procédés étant susceptibles d'être appliqués à une foule de choses différentes, comprendrait-on qu'on pût se faire breveter pour chacune de ces variétés d'emplois, qui n'en modifient nullement la destination? Ce serait porter la plus grave atteinte à l'inventeur et au domaine public. Sans doute il est difficile de tracer une ligne de démarcation bien nette entre l'application nouvelle et l'emploi nouveau; mais on peut formuler de la manière suivante, la différence qui les sépare : l'application nouvelle du moyen connu se caractérise par l'obtention d'un résultat ou d'un produit industriel qui jusqu'alors était obtenu par d'autres moyens. On comprend que le législateur l'ait déclarée brevetable.

L'emploi nouveau ne présente pas le même caractère d'originalité : il aboutit, en effet, à l'obtention d'un résultat ou d'un produit identique, au moins analogue à celui qu'on obtenait auparavant par le même moyen. Dès lors où est l'invention? L'emploi nouveau, tel que nous venons de le définir, ne peut donc pas faire l'objet d'un brevet valable.

21. — Nous ne verrions pas non plus une application nouvelle susceptible d'être brevetée, dans le fait d'employer un procédé connu avec plus d'intelligence, plus d'habileté de main-d'œuvre, ou de fabriquer un

produit dans de meilleures conditions de solidité (Paris, 21 janvier 1860, 4 mai 1860). Tout perfectionnement qui résulte d'une supériorité d'exécution est du domaine de l'ouvrier et du fabricant, mais non du domaine de l'inventeur. Ainsi, le simple tour de main ne serait pas brevetable ; car il constitue une qualité toute personnelle échappant, par sa nature, à toute idée d'appropriation exclusive.

22. — Il est bien évident, après ce que nous venons de dire qu'un simple changement de forme ne serait pas susceptible d'être breveté.

L'art. 8, § 2 de la loi du 25 mai 1791, le déclarait expressément ; et si le législateur de 1844 n'a point reproduit cette disposition, c'est à cause de son évidence même.

Ce que nous disons du changement de forme, il faut le dire aussi du changement de la matière employée dans la confection du produit. (Paris, 20 mars 1847. S. 47.2.219).

Il est bien entendu toutefois que si l'application plus intelligente et plus habile du moyen, si la modification dans la forme ou dans la matière, produisait un résultat nouveau, il est bien entendu, disons-nous, qu'il y aurait alors une application nouvelle, et par conséquent brevetable. (Metz, 14 août 1850).

23. — La question s'est présentée devant les tribunaux de savoir si celui-là pouvait prendre un brevet qui transporte un moyen dans une industrie autre que celle où il était exercé auparavant. Nous pensons que le transport dans une industrie différente n'est point bre-

vetable en lui-même ; il ne le devient qu'autant qu'il produit un résultat nouveau, différent au moins de celui obtenu dans l'industrie primitive. (Lyon, 23 juin 1860. Dall. 61.2.63.)

24. — La combinaison nouvelle d'éléments connus est-elle brevetable ? Un industriel, par exemple, obtient directement et dans une opération unique, des produits qu'on n'obtenait auparavant que par deux opérations successives ; ou bien, il réunit les organes de deux ou plusieurs machines, employées séparément jusqu'alors, pour leur faire produire un résultat plus efficace ; cette combinaison sera-t-elle brevetable ? Assurément, car elle constitue sans aucun doute une application nouvelle de moyens connus. De nombreux arrêts l'ont décidé ainsi dans les espèces les plus diverses.

25. — La loi, prévoyant le cas qui se présentera le plus ordinairement, ne parle que de l'application nouvelle de moyens connus. Mais il est bien évident que le produit est également susceptible de cette application nouvelle déclarée brevetable par le législateur.

26. — Il nous reste à examiner une dernière question qui fut l'objet d'un assez vif débat lors de la discussion de la loi au Corps législatif. La découverte d'une propriété nouvelle d'un corps connu est-elle brevetable ? Oui, si elle constitue une application nouvelle ; non, dans le cas contraire. Cette règle reproduit exactement, suivant nous, la pensée de la loi : les débats du Corps législatif ne peuvent laisser aucun doute à cet égard. Un des membres de cette Assemblée qui apporta

le concours le plus actif et le plus éclairé à la confection de la loi de 1844, Arago demanda formellement que la découverte d'une propriété nouvelle d'un corps connu, fut déclarée brevetable ; à l'appui de sa thèse, il invoquait l'exemple de Davy qui reconnut à la toile métallique entourant les lampes, la propriété d'isoler la flamme et de prévenir ainsi les explosions dans les mines ; et celui de l'ingénieur français Sorel qui, éclairé par la grande découverte de Volta, reconnut que le zinc plaçait le fer dans des conditions électriques propres à le préserver de l'oxydation. Bien que longtemps avant Davy on eût fait usage, dans les écuries et dans les chaumières, de la lampe entourée d'une toile métallique ; bien que plus d'un siècle avant la découverte de Sorel, Malouin eût conçu l'idée de revêtir le fer de zinc pour le soustraire à la rouille, Arago demandait que l'idée de Sorel et celle de Davy pussent être brevetées.

Le rapporteur de la loi, Philippe Dupin répondit par une distinction qui nous paraît absolument exacte : la découverte de Davy est brevetable sans doute comme constituant une application nouvelle de moyens connus ; mais Sorel n'a rien inventé : avant lui on avait eu l'idée de préserver le fer de la rouille en le revêtant de zinc ; avant lui on avait appliqué ce moyen aux tuyaux destinés à la conduite des eaux. Sans doute on ne connaissait pas encore le principe en vertu duquel le revêtement extérieur des conduits suffisait pour garantir de l'oxydation l'intérieur même des tuyaux ; et Sorel a rendu un service signalé à l'industrie en découvrant cette loi. Mais le produit existait, le moyen était connu si la cause ne l'était pas. Ressusciter n'est pas créer ; or, notre loi n'admet pas les brevets de résurrection.

Revenant à la découverte de Davy, il est nécessaire de bien déterminer la mesure dans laquelle on pouvait la dire brevetable. Les lampes à toile métallique étant acquises depuis longtemps au domaine public, chacun aurait conservé le droit de les fabriquer et de les vendre ; mais le breveté seul aurait pu les employer à l'éclairage des mines. Il avait découvert l'application nouvelle d'un moyen connu ; son droit se trouvait naturellement limité à l'exercice exclusif de cette application spéciale.

Ajoutons que Davy à qui tout le monde, en Angleterre, reconnaissait le droit de prendre un brevet, préféra doter immédiatement le domaine public de sa belle découverte. Il reçut pour prix de ce désintéressement les témoignages les plus éclatants de la reconnaissance de ses concitoyens.

§ III. *Appréciation des tribunaux.*

27. — Nous avons dit que le législateur, dans l'article 2, avait entendu poser des règles pour servir de base à l'appréciation des tribunaux ; demandons-nous maintenant quel est, en cette matière, le rôle des juges de fait et celui de la Cour de cassation.

Si le tribunal, après avoir reconnu que l'invention a réellement pour objet un produit industriel nouveau, prononce néanmoins la nullité du brevet, il est bien évident qu'il viole la loi et que sa décision peut être cassée par la Cour suprême.

Que si, au contraire, le juge de fait, en présence d'une prétendue application nouvelle, déclare que le résultat produit ne diffère pas de celui qu'on obtenait auparavant par le même moyen, il y a là une appréciation souveraine qui échappe au contrôle de la Cour de cassation. Nous déciderions de même dans le cas où le tribunal déclarerait que la substitution d'une matière à une autre n'est pas brevetable, comme ne produisant pas un résultat nouveau ; car c'est là encore une question de fait qu'il lui appartient de trancher souverainement.

28. — Mais la Cour suprême doit-elle se borner à rechercher si la loi générale sur les brevets d'invention n'a pas été violée? Et pour qu'elle prononce la cassation, faut-il que l'arrêt porte en lui-même la preuve de cette violation des textes, en donnant, par exemple, aux faits déclarés constants une portée légale qu'ils n'ont pas? Le brevet, nous reviendrons plus tard sur cette idée, constitue un véritable contrat entre l'inventeur et la société et, comme tout contrat, fait loi entre eux. La Cour de cassation doit, par conséquent, recourir aux textes des brevets, afin de s'assurer si, dans leur interprétation, les juges du fond n'en ont pas méconnu le sens et la portée. De sorte qu'on peut dire, avec M. Pataille (*Ann. de la prop. ind.*, 1869), « que, dans presque toutes les instances en validité de brevet ou de contrefaçon, il y a un point de droit à côté de de chaque point de fait. »

La jurisprudence de la Cour de cassation, longtemps hésitante, paraît définitivement entrée dans cette voie ; et le principe que nous avons posé plus haut a reçu la consécration la plus formelle dans un arrêt du 8 janvier 1869. Ch. crim. (Sirey. 1869. 1. 188.)

Ainsi donc plus de doute aujourd'hui, la Cour suprême peut casser la décision des juges du fond, qui dénaturant le véritable objet de l'invention, viole ainsi la loi particulière du brevet.

Conformément à ces principes, il a été jugé que le tribunal, saisi d'une plainte en contrefaçon, ne peut, pour décider si l'invention prétendue contrefaite était brevetable se borner à l'apréciation séparée de chacun des éléments dont se compose cette invention, sans rechercher en outre si le système en lui-même et dans son ensemble ne constituait pas un procédé industriel nouveau susceptible d'être breveté. (Cass. 22 décembre 1855, Ch. crim.)

§ IV. *Compositions pharmaceutiques. Plans de finance.*

29. — Nous avons vu, en étudiant l'art. 2, quels caractères généraux devait présenter l'invention pour être brevetable : le législateur, dans l'art. 3, refuse la garantie du brevet à deux grandes classes de découvertes :

Parlons d'abord des compositions pharmaceutiques et remèdes de toute espèce. Un double motif les a fait déclarer non brevetables, on a redouté l'influence abusive que pourraient exercer sur un public ignorant les auteurs de pareilles inventions ; on a craint en outre la spéculation à laquelle ils ne manqueraient pas de se livrer en accaparant des remèdes utiles à la société tout entière. Ces raisons sont-elles suffisantes pour justifier une disposition qui dépouille sans indemnité toute une catégorie d'inventeurs ? Nous hésitons à le croire. Si l'intérêt général demande que les découvertes de cette nature tombent immédiatement dans le domaine public, la justice exige que ceux à qui la société les doit, reçoivent leur récompense. Peut-être eût-il été possible de concilier dans une juste mesure tous les intérêts, en appliquant ici les principes de l'expropriation pour cause d'utilité publique.

30. — Le caractère exceptionnel de cette prohibition nous oblige à la renfermer dans des limites étroites : ainsi les cosmétiques, les eaux dentrifices, les substances alimentaires ne doivent pas être considérées comme des produits pharmaceutiques. La discussion de la loi ne laisse aucun doute à cet égard. Ainsi encore, la jurisprudence l'a décidé maintes fois, les procédés de fabrication des médicaments, les appareils de chirurgie sont susceptibles d'être brevetés.

Cependant un arrêt de la Cour de Lyon du 26 juin 1870, a déclaré non brevetable *le papier sinapisé de Rigollot* en décidant que c'était là, une composition pharmaceutique. N'eût-il pas été plus juste d'y voir un moyen, un procédé industriel de fabrication échappant à la prohibition de l'article 3 ?

La loi française n'est pas la seule qui refuse d'accorder des brevets pour les remèdes : citons à titre d'exemple la loi autrichienne du 15 août 1852, plus rigoureuse encore, qui déclare non brevetables même les compositions d'aliments et de boissons.

31. — Après avoir dit que les compositions pharmaceutiques ou remèdes de toute espèce, ne sont pas susceptibles d'être brevetés, le législateur ajoute : « les dits objets demeurent soumis aux lois et règlements spéciaux sur la matière et notamment au décret du 18 août 1810 relatif aux remèdes secrets. » Aux termes de ce décret, l'inventeur d'un remède qui veut le communiquer à la société, doit, par l'intermédiaire du ministre de l'Intérieur, le présenter à l'examen d'une commission prise au sein de la Faculté de médecine. Cette commission propose au ministre d'acheter le remède moyennant un prix qu'elle détermine ; si ce prix n'est pas accepté, le remède reste secret et le procureur de la République doit le poursuivre. — « Dans ce système, faisait justement remarquer M. Bethmont, lors de la discussion de la loi, comment craindre que le charlatanisme abuse des brevets ? Manquons-nous de procureurs du Roi ? » Néanmoins la disposition fut maintenue.

Sous l'empire de la loi de 1791, quand l'auteur d'une découverte concernant la pharmacie demandait un brevet, le ministre le délivrait, mais en déclarant que le decret de 1810 l'obligeait à poursuivre le breveté.

Le système de la législation actuelle a [fait disparaître cette étrange anomalie.

32. — Nous avons annoncé que l'art. 3 renfermait une double prohibition : la seconde s'applique aux plans de finance qu'une loi du 20 septembre 1792, déclarait déjà non-brevetables. On peut se demander si cette disposition est bien utile dans une loi qui n'accorde de brevets qu'aux inventions industrielles. Est-ce qu'un plan de finance, une combinaison de crédit peut présenter ce caractère ?

33. — Demandons-nous maintenant quelle est au juste la portée de la prohition contenue dans l'art. 3 ? On objectait au Corps législatif qu'elle constituait une atteinte au principe de non-examen préalable. Le ministre de l'agriculture et du commerce répondit qu'il n'en était rien : demande-t-on un brevet pour remède, il sera refusé sans examen, sur le simple titre ; la demande se présente-t-elle sous une dénomination mensongère le brevet sera délivré, sans examen également, sauf aux tribunaux, plus tard, à en prononcer la nullité, en vertu de l'art. 30.

Ainsi donc le rôle de l'administration se borne à considérer l'étiquette de la demande ; le ministre ne peut, sans excès de pouvoir, refuser la délivrance d'un brevet pour un produit présenté comme substance alimentaire, sur le motif que ce produit [constituerait une composition pharmaceutique. (Conseil d'Etat, 14 avril 1864).

§ V. *Dessins de fabrique.*

34. — Avant de quitter la matière de la brevetabilité, il nous paraît utile de faire un rapprochement entre l'invention ou la découverte et le dessin de fabrique, régi par les lois du 19 juillet 1793 et 18 mars 1806. On peut définir le desssin de fabrique : toute disposition de lignes ou de couleurs, destinée à varier l'aspect de certains objets industriels, et plus particulièrement ce qui est étoffe ou tissu. Il est facile de voir par là, comment il se distingue de l'invention : ce n'est ni un produit, ni un moyen, ni un résultat. La loi édictant des règles différentes pour la garantie de la découverte et du dessin de fabrique, on conçoit combien il importe à l'industriel de ne pas les confondre : le dépôt au conseil des Prud'hommes ne lui assurerait nullement la propriété de l'invention, et le brevet ne conserverait pas davantage son droit au dessin de fabrique.

Il a été jugé conformément à ce principe : qu'il n'y a pas dessin de fabrique, mais procédé mécanique et produit industriel dans un mode particulier de confection des rubans et galons, qui, en introduisant dans leur tissage certains fils appelés fils tirés, permet, par le jeu mécanique de ces fils, de produire une plissre régulière, dite tuyautement, de l'effacer et de la reproduire à volonté ; par suite, l'invention, dans un pareil cas, ne peut être protégée que par un brevet, et non par un simple dépôt au secrétariat du Conseil des prud'hommes. (Rej., 20 avril 1853).

35. — Il est bien évident, au reste, que si, pour obtenir la réalisation du dessin, il a fallu recourir à un procédé brevetable, le dessin de fabrique ne perd pas pour cela son caractère ; et rien n'empêche qu'il ne soit lui-même protégé par la loi de 1806, indépendamment du procédé qui peut l'être par la loi de 1844. (M. Pouillet, dessins de fabrique.)

CHAPITRE II

DES FORMALITÉS RELATIVES A LA DÉLIVRANCE DES BREVETS.

§ I. *Demande des brevets.*

36. — Tout individu qui demande un brevet en obtient la délivrance. L'administration n'a pas à s'enquérir de sa capacité. Que la demande soit formée par une personne jouissant de la plénitude de ses droits, ou par un incapable, tel qu'un mineur, un interdit, une femme mariée, dès qu'elle est régulière en la forme, elle doit être accueillie, sans autre examen.

Mais hâtons-nous d'ajouter que la loi de 1844 ne déroge en rien aux principes généraux du Code civil. L'inventeur qui prend un brevet, se constituant, comme nous le verrons plus tard, débiteur envers le trésor, il en résulte que les personnes à qui la loi donne ce pouvoir auront le droit de poursuivre la nullité du contrat passé entre la société et l'incapable. On peut considérer toutefois la prise d'un brevet comme un acte d'administration, et c'est à ce point de vue qu'il faudrait se placer pour en apprécier la valeur.

37. — Que serait le sort du brevet pris par un failli ? Il sera valable sans aucun doute ; mais les syndics en pourront revendiquer la propriété au profit de la masse ; à moins cependant que le failli n'ait pris son brevet et ne l'exploite avec des fonds étrangers à la faillite : auquel cas les syndics devront se borner à faire attribuer à la masse les profits résultant de l'exploitation. La Cour suprême l'a décidé ainsi en donnant pour raison : que le failli n'est point placé dans un état d'interdiction — qu'il reste en plein pouvoir d'exercer son activité personnelle — qu'une telle faculté implique nécessairement pour lui le droit d'administrer les ressources qu'il se procure par son travail. (12 janvier 1864.)

38. — Il est bien évident qu'un être moral, une société par exemple peut prendre un brevet. L'Etat le pourrait-il également ? Pourquoi non ; n'a-t-il pas son domaine privé ? N'est-il pas propriétaire, créancier, débiteur comme toute autre personne individuelle ou collective ? Aucun texte ne s'oppose à ce que l'Etat obtienne un brevet, l'exploite par ses agents, le cède à titre gratuit ou à titre onéreux. On objecte des difficultés de procédure : qui formera la demande ; au nom

de qui le brevet sera-t-il délivré? Notre réponse est bien simple : la demande sera faite par le chef de service dans le ressort duquel se trouve l'auteur de l'invention ; et le brevet sera délivré au nom de l'Etat, personne morale incontestablement capable d'avoir des droits et de les exercer. La Cour de cassation, dans un arrêt du 25 janvier 1856 a consacré implicitement cette opinion.

39. — Est-il nécessaire que celui qui demande le brevet soit véritablement l'auteur de la découverte? Quelques législations étrangères exigent cette condition. En Angleterre, par exemple, l'individu qui sollicite une patente doit affirmer sous la foi du serment qu'il est l'inventeur. Rien de semblable chez nous : l'administration n'a pas à rechercher si c'est bien l'auteur de l'invention qui se présente pour se faire breveter, sauf, bien entendu, au véritable inventeur à revendiquer la propriété du brevet pris en fraude de ses droits.

§ II. *Formes de la demande.*

40. — Art. 5. « Quiconque voudra prendre un brevet d'invention devra déposer, sous cachet, au secrétariat de la préfecture dans le département où il est domicilié, ou dans tout autre département, en y élisant domicile :

1° La demande au ministre de l'agriculture et du commerce.

2° Une description de la découverte, invention, ou application faisant l'objet du brevet demandé :

3° Les dessins ou échantillons qui seraient nécessaires pour l'intelligence de la description.

4° Et un bordereau des pièces déposées. »

41. — Si le brevet constitue l'acte de naissance de l'invention, il importe qu'il en précise nettement la nature et l'objet, qu'il en dégage, pour ainsi dire la personnalité ; tel est le but de la description qui doit accompagner la demande.

L'inventeur ne saurait apporter trop de soin à rédiger cette description qui détermine l'étendue de ses droits : qu'il la fasse claire, exacte, complète, sans réticence ; sinon il s'exposera dans la suite à mille difficultés, à des procès dangereux. Comme il s'est fait son titre à lui-même, il ne pourra pas se plaindre qu'on l'interprète contre lui.

42. — La loi exige (art. 6) que la description soit faite en langue française, sans altération ni surcharges pour qu'elle soit facilement intelligible à tous ceux qui voudraient la consulter.

43. — Si l'inventeur estime qu'elle est insuffisante, à raison de la nature de son objet, il y joindra des dessins ou des échantillons. Mais le dessin ne pourra jamais suppléer la description, dont l'art. 5. 2° fait, une condition essentielle à la validité du brevet. La Cour de cassation (Rej. 15 juin 1865) a jugé : que le breveté ne pouvait pas revendiquer comme sa propriété privative un organe ou un appareil figurant au dessin, si le mémoire descriptif ne le revendique pas. »

A plus forte raison, l'inventeur ne pourrait-il pas se contenter de joindre à sa demande un échantillon ou un modèle dont la perte possible — l'exemple s'est vu — anéantirait toute trace du brevet, ou du moins de l'invention.

44. — Si la description est nécessaire, elle n'est pas suffisante : l'article 5 avant de la prescrire, exige qu'une demande soit adressée au ministre de l'agriculture et du commerce. Nous avons vu que la description déterminant les droits de l'inventeur, celui-ci ne pouvait rien prétendre au-delà de ce qui s'y trouve clairement exprimé ; en dirons-nous autant de la demande ? Le breveté doit-il, sous peine de déchéance, y reproduire tous les détails du mémoire descriptif ? La Cour de Rouen est allée jusque là dans un arrêt qui fut confirmé par la Cour de cassation. (Rej. 21 août 1846). Un brevet ayant été demandé et obtenu pour un appareil à opérer la condensation des vapeurs, il fut décidé, par cet arrêt, que l'apposition, dans le haut de la chaudière, de lentilles en verre, permettant d'observer l'ébullition des liquides, était une invention complètement étrangère aux procédés de condensation seul objet de la demande du brevet ; et que par conséquent le droit privatif de l'inventeur ne pouvait pas s'étendre aux lentilles en verre, bien que celles-ci fussent mentionnées dans le mémoire descriptif.

Il faudrait se garder d'étendre cette interprétation rigoureuse ; et sans aucun doute le breveté ne serait pas tenu de comprendre dans la demande les moyens et procédés déjà indiqués dans la description, et présentant un rapport si étroit avec l'invention principale qu'ils se confondent avec elle. Et même il est permis de douter que l'étendue des droits de l'inventeur soit limitée par les termes de la demande ; un effet aussi capital nous semble bien plutôt appartenir à la description dont un duplicata est joint à l'arrêté ministériel, tandis que la demande rédigée en un seul original n'est point communiquée au public. Toutefois le breveté agira prudemment en donnant à sa demande la rédaction la plus claire et la plus explicite possible, en y mentionnant tous les points qui peuvent paraître étrangers à l'objet principal du brevet.

45. — La demande, aux termes de l'art. 6, doit indiquer un *titre* renfermant la désignation sommaire et précise de l'invention. Ce titre, dit M. Nouguier, est au brevet ce que le sommaire ou la table est à un ouvrage. Cette définition indique bien son but : il est destiné à faciliter le classement dans les catalogues et les recherches des intéressés.

Le titre, sans aucun doute, peut se compléter par les documents qui le suivent : le mémoire descriptif, les plans et les dessins (Rej. 26 avril 1866).

46. — Dans certains pays, comme en Angleterre et aux Etats-Unis d'Amérique, l'inventeur doit, à la suite de la description, revendiquer d'une façon claire et précise, les points sur lesquels il entend faire porter son droit privatif. Cette disposition le contraint à se bien rendre compte lui-même de la portée de son invention, en même temps qu'elle éclaire le public sur le véritable objet de la patente. Peut-être serait-il sage

de l'introduire dans notre loi, mais bien qu'elle n'y soit pas écrite, les tribunaux pourraient assurément décider que la simple énonciation d'un organe ou d'un agent dans un brevet, ne suffit pas pour en attribuer la propriété exclusive au titulaire, si rien d'ailleurs, n'indique qu'il ait entendu la revendiquer (Paris, 13 février 1862).

47. — La demande, comme nous l'avons vu, doit indiquer l'objet principal du brevet; elle n'en peut désigner qu'un seul avec les objets de détail qui le constituent et les applications qui auront été indiquées. Cette disposition a pour but de sauvegarder les droits du trésor qui se trouverait lésé, on le comprend, si le même brevet pouvait être pris pour plusieurs inventions différentes. En outre, la multiplicité des objets principaux dans un seul brevet, aurait eu pour résultat de rendre le classement et les recherches impossibles.

48. — Après avoir mentionné l'objet de l'invention, la demande doit indiquer la durée du brevet. Cette durée, aux termes de l'article 4, sera de cinq, dix ou quinze années.

On comprend que cette détermination est tout arbitraire; toutefois l'expérience l'avait depuis longtemps consacrée. Sous l'ancien régime, nous avons vu qu'une déclaration du 24 décembre 1762 avait fixé à quinze ans, le terme des concessions octroyées aux inventeurs; d'autre part, la législation anglaise, en vigueur depuis deux siècles, donnait aux patentes une durée de quatorze ans. Il est remarquable que la plupart des législations étrangères ont accepté cette durée *maxima* des brevets : toutefois, en Belgique, elle est portée à vingt ans. (Loi du 24 mai 1854).

49. — L'inventeur est moins favorisé que le propriétaire d'une marque de fabrique : celui-ci peut, en effet, renouvelant le dépôt de 15 ans en 15 ans, s'assurer un droit perpétuel. L'inventeur d'un dessin de fabrique peut également acquérir une propriété perpétuelle ou la limiter, suivant son désir, à 1, 3 ou 5 années. Enfin, l'auteur est investi, sur ses œuvres, d'un droit qui dure toute sa vie et qui est transmissible à sa veuve, à ses enfants, à ses autres héritiers et même à de simples cessionnaires (lois de 1791 et 1793, du 8 avril 1854 et du 19 juillet 1866).

50. — Revenons à la disposition de l'art. 4 de notre loi : si l'inventeur a confiance dans sa découverte, il prendra un brevet de quinze ans ; si le succès lui semble douteux, il ne le prendra que pour cinq ou dix années. Lui seul est juge de son intérêt à cet égard. S'il est trompé dans ses prévisions, la loi lui offre un moyen d'abréger la durée de son brevet ; il lui suffit pour cela, comme nous le verrons, de laisser passer un terme sans payer l'annuité. Mais si, au lieu d'avoir choisi la période la plus longue, il n'a demandé son brevet que pour dix ou cinq ans, pourra-t-il obtenir que le terme en soit reculé? Oui, mais pour cela une loi sera nécessaire ; le pouvoir législatif est seul juge de l'opportunité de cette prolongation comme aussi de la mesure dans laquelle il convient de l'accorder. Il a toujours usé de ce droit avec une excessive réserve, puisque de 1844 à 1872, sur plus de 110,000 brevets

délivrés, deux seulement ont été l'objet d'une prolongation et jamais pour plus de cinq ans.

51. — Pour en finir avec la demande, disons qu'elle ne doit contenir ni restrictions, ni conditions, ni réserves. Ainsi l'inventeur ne pourrait pas stipuler que son brevet s'étendra à des objets qu'il ne prévoit pas, ou bien qu'il sera prolongé au-delà de la durée légale. En présence de telles conditions, le ministre aurait le droit de refuser la délivrance ; s'il l'a faite néanmoins, sans aucun doute, les réserves seront considérées comme nulles et non avenues, mais le brevet ne sera point nul ; car la loi ne le dit pas, et il est défendu de créer des nullités en dehors de celles qu'elle édicte.

52. — Toutes les pièces énumérées dans l'art. 5 : demande, description, dessins, doivent être signées par l'inventeur ou son fondé de pouvoir ; en outre, comme le brevet est un contrat dans lequel figurent deux parties ayant chacune un intérêt distinct et contraire, les pièces doivent être rédigées en double exemplaire : l'un qui est remis au breveté, l'autre qui demeure dans les archives pour former le titre de la société. Bien que la loi ne le dise pas, il nous semble que la formalité du double exemplaire est applicable aux modèles et échantillons : le breveté n'a que ce moyen de se garantir contre le danger d'une perte possible.

53. — Quand l'impétrant a réuni toutes ses pièces, il doit les mettre sous pli cacheté et les déposer au secrétariat de la préfecture. Ce dépôt n'est reçu que sur la production d'un récépissé constatant le versement

d'une somme de 100 francs à valoir sur le montant de la taxe.

Toutes ces formalités remplies, le préfet est tenu de recevoir le dépôt et d'en dresser le procès-verbal, sans pouvoir se livrer à aucun contrôle. Les pièces sont ensuite transmises dans les cinq jours, sous le cachet de l'inventeur, au ministère où elles sont ouvertes et enregistrées. Enfin les brevets sont expédiés dans l'ordre de la réception des demandes.

54. — Parmi ces mesures administratives, il en est une importante entre toutes : l'enregistrement du dépôt à la préfecture ; car c'est à partir de l'heure et du jour de ce dépôt que commence à courir la durée du brevet.

§ III. *Délivrance des brevets.*

55. — Nous avons eu déjà l'occasion de dire que les brevets étaient délivrés sans examen préalable (article 11). Le ministre n'a pas à rechercher si l'invention est vraiment nouvelle et sérieuse, si la description est exacte et fidèle. La demande est-elle formée régulièrement ; son titre n'indique-t-il ni un produit pharmaceutique ni un plan de finance, l'administration ne peut refuser la délivrance.

56. — Nous verrons plus tard, en jetant un coup d'œil sur les législations étrangères, que plusieurs lois, contrairement à la nôtre, soumettent l'inventeur à un examen préalable plus ou moins rigoureux. Bornons-

nous pour le moment à donner notre avis sur cette importante matière.

Le système d'examen préalable offre assurément certains avantages : il peut protéger le public contre des brevets ridicules et inutiles, et même épargner des déceptions à ces gens trop nombreux, qui se croient inventeurs sans avoir jamais rien inventé. Mais aussi que d'inconvénients et des plus graves ! Nous ne saurions mieux faire pour les exposer, que de citer les paroles de M. Renouard : « Les inventeurs doivent redouter le système d'examen préalable ; il compromet la propriété de leur découverte par la nécessité d'en livrer préalablement le secret ; il les expose aux chances d'un refus immérité et à la ruine de leurs justes espérances ; il convertit leur droit en une sollicitation de faveur administrative; pour l'administration, ce serait le plus périlleux des présents, plein de tâtonnements, d'incertitudes, d'erreurs, de tentations, d'obsessions, d'attaques; la responsabilité serait écrasante... etc... »

Il est impossible de mieux dénoncer les vices d'un système que nous croyons définitivement condamné chez nous, malgré les réclamations isolées de quelques économistes qui voudraient l'emprunter à nos voisins.

Comme celui de 1844, le législateur de 1791, avait proclamé le principe de non-examen préalable. La longue expérience qui en a été faite, donne à ses défenseurs des armes puissantes contre ceux qui voudraient le voir rayé de notre Code.

57. — Ainsi donc, le brevet ne prouve nullement

que son titulaire ait fait une invention ou une découverte ; il constate seulement une prétention qui peut n'être point fondée, mais dont il n'appartient qu'aux tribunaux de faire justice. Pour que le public ne l'ignore jamais, la loi ordonne à quiconque mentionnera sa qualité de breveté, ou son brevet d'y ajouter ces mots : *sans garantie du gouvernement.*

S'il en est ainsi, on peut critiquer le mot « *brevet d'invention,* » employé par la loi. Quelques auteurs ont proposé de lui substituer l'expression « *certificat de dépôt* » qui, en effet, aurait l'avantage de ne laisser aucun doute sur la nature du titre et les droits qu'il confère.

58. — Si le ministre ne peut pas rechercher quelle est la valeur réelle de l'invention; c'est un droit et un devoir pour lui d'examiner si la demande est régulière, si elle renferme toutes les mentions que la loi exige, si toutes les formalités ont été remplies. La demande irrégulière doit être rejetée. Ainsi, l'inventeur n'y a pas joint de titre, ou de description ; il n'a pas tracé les dessins à l'encre et d'après une échelle métrique ; il n'a pas signé les pièces ; dans tous ces cas et autres semblables où il s'agit d'irrégularités matérielles, le ministre devra refuser la délivrance. De même encore, nous l'avons expliqué plus haut, si l'invention s'intitule elle-même composition pharmaceutique ou plan de finance, le brevet ne sera point accordé.

59. — Mais nous croyons que le ministre ne doit pas examiner si le titre concorde bien avec l'objet de l'invention. C'est là un rôle réservé aux tribunaux.

Dès que le titre existe, l'administration n'a pas à en apprécier la valeur. Autrement le principe de non-examen préalable serait violé. La demande ne pourrait pas davantage être rejetée sous le prétexte que la description ne serait point complétée par des échantillons ou des dessins. L'inventeur est seul juge de la question de savoir si la description suffit, sauf bien entendu aux tribunaux à décider qu'elle est insuffisante et à prononcer pour ce motif la nullité du brevet.

60. — L'administration pourrait sans aucun doute rejeter la demande qui n'est pas limitée à un seul objet principal. Mais qu'arrivera-t-il si en fait, elle accorde la délivrance? Le breveté sera-t-il soumis au paiement des taxes qu'il aurait dû régulièrement acquitter?

Nous ne le croyons pas. l'administration a passé avec le breveté un contrat librement débattu et dont les conditions ont été respectivement acceptées : le chiffre de la redevance a été fixé d'un commun accord; tout est donc irrévocablement terminé.

Dira-t-on que le brevet est nul? Mais l'art. 30, qui énumère les causes de nullité, ne prévoit pas notre espèce. Dira-t-on qu'il est frappé de déchéance pour défaut d'acquittement des annuités? Mais il faudrait au moins valider le brevet pour l'un des objets qu'il renferme. D'ailleurs l'art. 32 qui énumère limitativement les causes de déchéance ne parle pas du vice de complexité.

Nous estimons, par conséquent, d'accord en cela avec une jurisprudence constante, que le brevet prs pour plusieurs objets principaux est et demeure valable. Les tribunaux ne pourraient l'annuler qu'en se livrant à un examen dont les articles 3, 6 et 12 réservent le soin à l'administration. (Rej. 4 mars 1855-Paris, 25 février 1864 et 28 février 1867).

61. — Lorsque le ministre refuse d'accueillir la demande, il constate le rejet par un arrêté et le notifie à l'inventeur. Celui-ci sans aucun doute, peut se pourvoir contre cette décision devant le conseil d'Etat. La loi ne dit pas dans quel délai doit être introduit ce recours, mais il sera prudent de l'exercer le plus promptement possible, et même, en prévision d'un échec, de former une nouvelle demande avant que le Conseil d'Etat ait statué. En effet, si la demande est renouvelée dans les trois mois de l'arrêté ministériel qui en a prononcé le rejet, l'inventeur n'a point à faire de nouveau versement; si, au contraire, il a laissé passer ce délai, il ne lui est tenu compte que de la moitié de la somme versée; l'autre moitié restant, quoiqu'il arrive, définitivement acquise au Trésor (art. 12). Cet intérêt fiscal est-il le seul qui doive solliciter l'inventeur à introduire une nouvelle demande dans les trois mois ? Le brevet datera-t-il seulement du jour du second dépôt ? Nous estimons avec MM. Blanc et Pouillet qu'il est plus conforme à l'équité et à l'esprit de la loi de le faire remonter à la date où le premier dépôt a été effectué. « A vrai dire, il n'y a pas deux demandes, il n'y en a qu'une, qui, d'abord irrégulière a été ensuite régularisée. » Autrement pourquoi ce délai de trois mois ? Si la demande n'a point d'effet rétroactif, comment expliquer l'expres-

sion « reproduire » dont le législateur semble s'être servi à dessein ? (Rej. 30 juillet 1857).

62. — Pour en finir avec la délivrance des brevets, une dernière question nous reste à examiner : le ministre doit-il tenir compte d'une opposition qui serait formée entre ses mains ? Ainsi c'est l'inventeur qui, apprenant qu'un tiers a surpris sa découverte, prétend l'empêcher de prendre un brevet à son préjudice : l'opposition qu'il formera à cet effet sera-t-elle valable, ou bien le ministre devra-t-il passer outre à la délivrance ? Une première objection se présente : sous quelle forme l'opposition se produira-t-elle ? Sera-ce une saisie-arrêt ? Nous ne voyons ni créancier, ni débiteur. Une saisie revendication ? Avant d'être délivré le brevet n'existe pas encore : comment peut-on saisir ce qui n'a point d'existence ? A moins qu'on ne prétende faire porter la saisie sur l'invention elle-même, ce qui nous semble inadmissible. La découverte, en effet, pure conception de l'esprit, échappe par sa nature immatérielle, à toute poursuite, à toute revendication. Qu'on ne dise pas que la demande du brevet lui enlève son caractère ; jusqu'à l'arrêté ministériel qui le consacre et lui donne la vie, le droit de l'inventeur ne peut-être qu'une simple espérance dénuée de toute existence légale : cela est si vrai, que, tant que le brevet n'est pas délivré, la demande peut-être retirée.

Reconnaître au ministre le droit de surseoir à la délivrance du brevet, en présence d'oppositions formées entre ses mains, ce n'est pas seulement aboutir à une difficulté de procédure insoluble, c'est encore suivant nous violer le principe de non examen préalable. L'administration, ne l'oublions pas, n'a point à s'enquérir de la qualité de celui qui réclame le brevet : dès que la demande est régulière en la forme, elle doit être accueillie et la délivrance doit la suivre. Peu importe que le postulant ne soit point le véritable inventeur : les tribunaux en décideront. Les textes ne laissent aucun doute à cet égard : « Les brevets. dit l'art. 11, dont la demande aura été régulièrement formée *seront délivrés.* » En présence d'une disposition aussi impérative, comment l'administration pourrait-elle se méprendre sur l'étendue de son droit et de son devoir?

Ajoutons et ce sera notre dernier argument, qu'une commission nommée en 1828 pour la révision de la loi sur les brevets s'est prononcée formellement dans le sens de notre opinion. Si le législateur de 1844 avait entendu s'en écarter, son silence serait inexplicable.

63. — En Angleterre, il est vrai, toute personne intéressée peut faire opposition à la délivrance d'une patente : mais cette disposition se trouve en parfaite harmonie avec le système d'une loi qui admet le principe d'examen préalable, et exige la qualité d'inventeur chez celui qui demande à être breveté. En France, l'adoption d'un système contraire, doit nécessairement conduire à des conséquences opposées. D'ailleurs disons-le pour terminer, le ministre ne tient aucun compte des oppositions qui sont formées entre ses mains.

§ IV. *Publication et communication des brevets.*

64. — Une fois l'inventeur nanti de l'arrêté ministériel auquel est joint le duplicata certifié de la description et des dessins (art. 11) l'administration n'a pas terminé son rôle. S'il importe que le breveté puisse établir et faire respecter son droit, il faut aussi que l'existence de ce droit soit connue du public.

C'est à cet effet que tout d'abord un décret inséré au *Bulletin des Lois* proclame tous les trois mois les brevets délivrés (art. 14). Puis après le paiement de la deuxième annuité, les descriptions et dessins sont publiés soit textuellement, soit par extrait. Il est en outre publié au commencement de chaque année, un catalogue contenant les titres des brevets délivrés dans le courant de l'année précédente (art. 24).

65. — Il ne suffit pas que le public connaisse les brevets d'invention délivrés, il est encore indispensable qu'il en puisse prendre communication. — Pour répondre à cet intérêt : la loi prescrit (art. 23) que les descriptions, dessins, échantillons et modèles, resteront jusqu'à l'expiration des brevets, déposés au ministère de l'agriculture et du commerce où ils seront communiqués sans frais, à toute réquisition. — En outre, toute personne pourra, à ses frais bien entendu, en obtenir copie dans les formes déterminées par les règlements.

Enfin, à l'expiration des brevets, les originaux des

descriptions et dessins sont déposés au conservatoire des arts et métiers où chacun peut en prendre communication (art. 26).

CHAPITRE III

BREVETS DE PERFECTIONNEMENT — CERTIFCATS D'ADDITION.

66. — Il arrive souvent que l'inventeur pressé de prendre un brevet n'a point encore réalisé sa découverte dans toute sa perfection : la loi devait nécessairement lui permettre d'y apporter toutes les modifications qu'il jugera utiles par la suite. Mais cette faculté, on le conçoit, aurait pu rester stérile et illusoire, si pour le moindre changement qui modifie son idée première, le breveté avait dû payer intégralement la taxe fixée par l'article 4. — Aussi, la loi est-elle venue à son aide en imaginant les certificats d'addition qui garantissent son droit au perfectionnement, comme le brevet protége l'invention principale. Chaque demande de certificat donne lieu au paiement d'une taxe de vingt francs ; elle est soumise aux formalités que les articles 5, 6 et 7 prescrivent pour la demande du brevet lui-même.

67. — L'article 16 ajoute en terminant que « les certificats d'addition pris par un des ayants-droit profiteront à tous les autres. » Quel est le sens de cette

disposition ? Et d'abord que faut-il entendre par les ayants-cause dont parle notre article ? Ce sont 1° les tiers à qui l'inventeur a cédé tout ou partie de son droit de propriété sur le brevet ; 2° ceux à qui il n'a concédé qu'un simple droit d'exploitation, *une licence.*

Supposons qu'un licencié ou un cessionnaire prenne un certificat d'addition pour un perfectionnement apporté à l'invention primitive ; si ce certificat ne devait pas profiter aux autres ayants-cause et au breveté lui-même, ceux-ci verraient bientôt leur droit anéanti en présence d'une exploitation perfectionnée qui attirerait tous les consommateurs. — C'est pour prévenir cette inégalité choquante que le législateur a écrit la disposition finale de l'article 16, à laquelle il est bien entendu que les parties peuvent déroger par des conventions expresses.

68. — Le breveté qui modifie son invention, peut, s'il le préfère, au lieu d'un certificat d'addition, demander un brevet de perfectionnement, qui est délivré dans les mêmes formes et présente le même caractère que tout autre brevet. Son choix est absolument libre à cet égard ; il ne prendra conseil que de son intérêt.

69. — Quels avantages offre donc le certificat d'addition sur le brevet, et réciproquement ? Le certificat comme nous l'avons vu, coûte peu : vingt francs, une fois payés, au lieu d'une taxe annuelle de cent francs. Mais, n'étant qu'un accessoire du brevet principal, il prend nécessairement fin avec lui (art. 16).

Si le breveté trouve son perfectionnement dans

première année de son brevet, il n'hésitera pas à prendre un certificat d'addition qui lui offrira le double avantage de l'économie et d'une durée suffisamment longue. Que si, au contraire, le changement n'est apporté à l'invention que beaucoup plus tard; si, d'un autre côté, le perfectionnement présente quelque importance, le breveté commettrait une imprudence irrémédiable en ne prenant qu'un certificat d'addition destiné à périr bientôt.

Nous avons vu que le certificat d'addition profite à tous les ayants-cause du breveté : licenciés ou cessionnaires; il n'en est pas de même du brevet de perfectionnement, qui reste la propriété exclusive du breveté et présente par cela même, dans tous les cas, un avantage incontestable. Sans doute, il sera bien dur pour le cessionnaire de se voir ainsi dépouillé par le brevet de perfectionnement, dont l'exploitation lui est interdite. Mais c'était à lui de stipuler dans son contrat qu'il pourrait profiter de ce brevet nouveau aussi bien que de tout certificat d'addition. Il est victime de son imprévoyance, et peut-être de la mauvaise foi du breveté; mais, comme ici la fraude consiste dans une réticence, on comprend que la preuve en sera difficile, sinon impossible à fournir.

70. — A peine est-il besoin de dire, en terminant, que le certificat d'addition, pour être valable, doit se rattacher réellement au brevet principal. Si cette connexité n'existe pas, l'art. 39 prononce la nullité de ce certificat d'addition, qui ne répond plus au but de la loi et constitue une fraude envers le trésor.

71. — Nous avons supposé jusqu'ici que c'est le breveté lui-même qui perfectionne son invention. Si c'est un tiers, quel sera son droit? L'art. 16 déclare expressément que le breveté seul ou ses ayants-cause peuvent prendre un certificat d'addition. Le breveté lui-même ne le pourrait plus, s'il avait entièrement aliéné son brevet; car une considération d'amour-propre, de gloire peut-être, en dehors de tout intérêt d'exploitation, ne serait pas suffisante pour lui permettre de modifier un titre sur lequel il n'a plus désormais aucun droit.

72. — Si le tiers perfectionneur ne peut pas prendre de certificat d'addition, pourra-t-il au moins obtenir un brevet de perfectionnement?

L'art. 2 de la loi du 7 janvier 1791, lui accordait ce droit. Il en résultait de graves inconvénients : l'inventeur se trouvait à la merci des frelons de l'industrie qui, s'emparant de son idée, y apportaient une légère modification et trouvaient le moyen de lui en ravir tout le bénéfice, en le forçant à entrer en partage et à former une association avec eux. En présence des réclamations nombreuses qui s'étaient élevées contre ces abus, le législateur de 1844 comprit la nécessité de protéger l'inventeur sans priver absolument les tiers du droit légitime de perfectionner les inventions existantes. A cet effet, le projet de loi accordait à l'inventeur le droit moyennant une somme de 200 francs, de prendre un *brevet provisoire* pour une durée de deux ans. Pendant ce délai, nul autre que lui ne pouvait obtenir de brevet valable pour changement, perfectionnement ou addition de l'objet du brevet principal. C'était un souvenir des protections provisoires de la législation anglaise dont nous parlerons plus tard. Cette disposition rencontra dans le sein du Corps législatif, des adversaires nombreux qui amenèrent le gouvernement à la transaction suivante : Pendant une année, le breveté seul ou ses ayants-droit, peuvent prendre un brevet de perfectionnement; néanmoins toute personne, pendant ce délai, pourra faire une demande qui sera déposée sous cachet au ministère de l'agriculture et du commerce. L'année expirée, le cachet est brisé : si la demande tenue secrète jusqu'alors porte sur un perfectionnement pour lequel le breveté n'aura demandé ni brevet, ni certificat d'addition, le tiers aura complètement garanti son droit. Que si, au contraire, le breveté s'est déjà mis en règle pour s'assurer la propriété du même changement ou addition à sa découverte, alors la loi le préfère à tout autre. (Art. 18) Mais entendons bien cette règle qui n'est pas toujours comprise du public. La loi n'a pas voulu dire que le breveté avait, pendant une année, le droit de s'approprier tous les brevets obtenus pour un objet ayant quelque rapport avec sa découverte. L'inventeur primitif est investi seulement d'un droit de préférence sur les perfectionnements qui se rattachent d'une façon intime au brevet principal et sont, en quelque sorte le developpement de son idée primitive : il ne suffirait pas, pour revendiquer ce droit de préférence d'établir que les changements ou additions *ont|rapport* au brevet principal.

73. — L'année expirée, le droit des tiers recouvre

toute sa plénitude, et nous ne croyons pas que l'inventeur puisse, au moyen de nouveaux brevets ou certificats d'addition, faire courir des délais successifs d'une année pendant lesquels ils conserverait un privilége sur les perfectionnements des perfectionnements. Il est impossible de lui permettre, par ce moyen détourné d'anéantir les droits des tiers que l'art. 18 entend sauvegarder tout en les suspendant.

74. — Aux termes de l'art. 8 t. 2. de la loi du 25 mai 1791, le tiers perfectionneur ne pouvait exécuter l'invention principale, et réciproquement l'inventeur ne pouvait exécuter par lui-même le nouveau moyen de perfection. Cette disposition absolument équitable se trouve reproduite dans l'art. 19 de la loi de 1844.

Ainsi donc les deux brevetés doivent se maintenir exactement chacun dans les termes de son brevet sans empiéter sur leurs moyens respectifs. S'il arrive que le perfectionnement ne puisse être exploité sans le concours de l'invention principale, le tiers perfectionneur sera dans l'alternative, ou d'attendre l'expiration du brevet originaire, ou ce qui voudra beaucoup mieux, de s'entendre avec le titulaire de ce brevet pour l'exploitation en commun de l'invention primitive et du perfectionnement.

Quel serait le sort du brevet de perfectionnement pris par un tiers en cas de prolongation du brevet principal? Supposons, par exemple, que l'inventeur s'étant fait breveter pour 15 ans, à l'expiration de la cinquième année, le tiers perfectionneur se soit fait également breveter pour 15 ans : dira-t-on que les deux brevets expireront à la même date ? Ce serait méconnaître les droits qui résultent du brevet de perfectionnement. Dira-t-on que celui-ci produira son effet à l'expiration des 15 ans, délai originaire du brevet principal ? Mais alors la prolongation devient lettre morte. Il nous semble cependant que cette dernière solution est seule admissible. La loi qui prolonge un brevet ne pent avoir d'effet rétroactif ni enlever des droits acquis aux tiers.

La Cour de Paris a consacré ce principe dans un arrêt du 10 octobre 1832. Il est vrai que sous l'empire de la législation de 1791, c'est à l'administration qu'il appartenait de prolonger les brevets. Mais cette circonstance est sans intérêt dans la question que nous venons de résoudre.

CHAPITRE IV

DE LA TRANSMISSION ET DE LA CESSION DES BREVETS.

§ I. *Formes de la cession.*

76. — Le brevet est un *objet mobilier ;* la loi de 1791, le disait formellement et si le législateur de 1844 n'a pas reproduit cette disposition, c'est à cause de son évidence. Tel était le caractère du brevet, nous en concluons : 1° Qu'il tombe dans la commu-

nauté; 2° qu'il peut être donné en nantissement; 3° que les créanciers du breveté peuvent le saisir et le faire vendre judiciairement pour en partager le prix; 4° qu'il peut être vendu par un notaire (l'art. 1 de la loi du 2 ventôse an IX, ne lui étant pas applicable à raison de sa nature *incorporelle*); 5° enfin, qu'il peut être cédé et transmis suivant les formes que détermine la loi de 1844.

77. — Le droit de disposer du brevet est absolu : la loi en permet l'aliénation à titre gratuit ou à titre onéreux, partielle ou totale.

La cession sera *totale* lorsque l'inventeur, mettant un tiers en son lieu et place ne conservera aucun droit sur le brevet; *partielle*, lorsqu'il n'abandonnera qu'une part plus ou moins considérable de sa propriété, se réservant le surplus.

La cession partielle peut se présenter sous des formes diverses : tantôt l'inventeur concède à un tiers le droit d'exploiter le brevet concurremment avec lui ; tantôt il accorde le droit de fabriquer, se réservant le droit de vendre ou réciproquement ; tantôt enfin il limite la cession à un temps ou à un périmètre déterminés. En un mot, les parties sont libres d'adopter toutes les combinaisons qui leur conviennent.

78. — Mais il faut bien se garder de confondre la cession avec la *licence* qui attribue aux tiers un droit d'exploitation, sans leur transporter aucune parcelle de la propriété du brevet. Les règles que nous allons étudier ne s'appliquent pas à un acte de cette nature.

79. — L'art. 20 soumet les cessions partielles ou to-

tales à trois formalités : 1° rédaction d'un acte notarié ; 2° paiement intégral des annuités à courir ; 3° enregistrement de la cession au secrétariat de la préfecture du département dans lequel l'acte a été passé.

Le législateur n'a pas voulu qu'une opération aussi importante et qui intéresse à un si haut point le public, pût être faite par un acte dont la sincérité serait sujette à contestation : voilà pourquoi il a prescrit l'acte notarié. La seconde formalité a pour but de mettre le concessionnaire à l'abri de la négligence du breveté qui pourrait oublier le paiement annuel de la taxe. Enfin l'enregistrement à la préfecture, comme la transcription en matière civile, avertit les tiers que la propriété du brevet a passé sur une autre tête.

80. — Quelle est la sanction attachée à l'oubli de chacune de ces trois formalités ? Et d'abord, demandons-nous si la rédaction d'un acte authentique est prescrite à peine de nullité ? Il est incontestable qu'en l'absence d'un acte notarié, l'administration pourra refuser l'enregistrement ; mais qu'arriverait-il si en fait elle a enregistré une cession sous seing-privé ? Voyons dans quels termes s'exprime l'art. 20 : « La cession totale ou partielle d'un brevet, soit à titre gratuit, soit à titre onéreux ne *pourra être faite que par acte notarié...* »

En présence d'un texte aussi impératif, l'hésitation est-elle possible ? Dire que la cession ne pourra être faite que par acte authentique, n'est-ce pas déclarer que, faite de toute autre manière, elle ne sera point valable ? Le législateur de 1844 s'exprime exactement comme l'art. 2127 du Code civil qui prescrit un acte notarié pour la constitution d'hypothèque. Or personne n'oserait soutenir que l'hypothèque pût être valablement constituée par un acte sous seing-privé.

On objecte l'art. 20 lui-même qui, dans le paragraphe suivant dispose que la cession pour être valable à *l'égard des tiers* doit avoir été enregistrée ; par conséquent, dit-on, le défaut d'enregistrement seul est une cause de nullité de la cession. Cet argument, loin de nous convaincre, nous paraît militer en faveur de notre système : si, en effet, la loi déclare la cession non enregistrée nulle à *l'égard des tiers* seulement, il faut en conclure que l'absence d'un acte notarié constitue une nullité plus radicale produisant son effet même entre ces parties. Telle est, croyons-nous, l'interprétation juridique de l'art. 20. La cession faite par acte sous seing-privé n'est valable ni entre les parties ni à l'égard des tiers. Cependant, s'il en résulte la preuve d'un engagement ferme et précis, nous pensons que le bénéficiaire aurait le droit d'appeler le cédant en réalisation de l'acte devant notaire, et de faire décider par le tribunal qu'au cas de refus, le jugement en tiendrait lieu.

81. — Si la cession du brevet est consentie par mandataire, la procuration devra être notariée ; autrement on ne pourrait pas dire que le consentement à la cession ait été donné et soit constaté par un acte authentique ; le vœu de la loi ne serait donc pas rempli. La même question s'est produite pour les donations et constitutions d'hypothèques, et la jurisprudence la ré-

sout généralement comme nous venons de le faire. A l'appui de notre opinion, en matière de cession de brevets, nous pouvons citer un jugement du tribunal civil de Rouen en date du 15 juin 1867. (Pataille, 69. 225).

Parlons maintenant du paiement anticipé de la taxe. L'art. 20 le plaçant sur la même ligne que l'acte notarié semble bien le prescrire sous la même sanction, et nous pourrions reproduire ici tous les arguments qui ont été développés plus haut. Sans doute la disposition de la loi est sujette à critique ; il eût été plus raisonnable d'accorder au cessionnaire comme au breveté le droit de laisser tomber le brevet dans le domaine public, en s'abstenant de payer les annuités. Mais il nous semble qu'il faut appliquer la loi telle qu'elle existe. Quand elle ordonne le paiement intégral de la taxe, comprend-on qu'elle laisse la faculté de se conformer ou non à son ordre ? Le mépris d'une obligation qu'elle impose, peut-il être dénué de toute sanction légale ? (En ce sens, Rouen, 2 janvier 1869. En sens contraire, Rej. 1er septembre 1855).

Dans la pratique, il sera bien rare que la cession ne soit pas précédée du paiement intégral de la taxe ; car les notaires ne consentent à passer le contrat, que sur la présentation de la quittance délivrée par la recette générale, et d'un autre côté les préfets exigent la production de ce récepissé, avant de procéder à l'enregistrement.

83. — Lorsqu'un acte authentique a été dressé, et que la totalité de la taxe a été payée, la cession est va-

lable entre les parties, mais pour produire son effet à l'égard des tiers, il faut qu'elle soit enregistrée à la préfecture.

Quels sont les tiers dont parle l'art. 20 ? Il est d'abord hors de doute que le défaut d'enregistrement pourra être opposé par un second cessionnaire. Nous trouvons ici une grande analogie avec la disposition de l'art. 1690 du Code civil en matière de transport de créances. Mais, faut-il aller plus loin et dire que toute personne intéressée à méconnaître la cession, le contrefacteur, par exemple, pourra opposer le défaut d'enregistrement ? Nous le croyons, d'accord en cela, avec une doctrine et une jurisprudence presque unanimes (Cass., 12 mai 1847 et 22 avril 1866). Le cessionnaire ne peut poursuivre le contrefacteur en vertu d'un titre qui, à l'égard de tous les tiers, la loi ne distingue pas, continue à résider sur la tête du cédant.

84. — Aucun délai n'est fixé pour l'enregistrement de la cession ; mais on comprend que le cessionnaire a le plus grand grand intérêt à remplir rapidement cette formalité. — Lorsque toutes les pièces sont produites : récépissé du receveur général, constatant le paiement intégral de la taxe ; extrait authentique de l'acte notarié, constatant la cession, le préfet ne peut pas refuser l'enregistrement sous prétexte qu'il aurait reçu des oppositions. Il transmet dans les cinq jours une expédition du procès-verbal d'enregistrement au ministère de l'agriculture et du commerce, où la mutation est inscrite sur un registre, et proclamée dans les trois mois par une insertion au Bulletin des Lois.

85. — Il est bien entendu que l'enregistrement à la préfecture ne dispense pas de l'enregistrement fiscal (2 fr. par 100 fr. du prix porté dans l'acte).

86. — Demandons-nous dans quels cas les formalités prescrites par l'art. 20 doivent être remplies. On peut dire qu'elles sont exigées toutes les fois qu'il s'opère une translation totale ou partielle de la propriété du brevet. Citons quelques exemples pour préciser cette formule générale :

Pas de doute possible lorsqu'il s'agit de cession à titre onéreux ou à titre gratuit : la loi s'en est expliquée formellement. Observons que si la cession est faite à titre gratuit, elle sera soumise encore aux formes que prescrit le Code civil sur la validité des donations.

Si un droit d'usufruit était constitué sur le brevet, il faudrait remplir les formalités de l'art. 20, car l'usufruit est un démembrement du droit de propriété. Il en serait autrement, nous avons déjà eu l'occasion de le dire s'il s'agissait d'une concession de licence, car alors la propriété du brevet reste pleine et entière sur la tête de l'inventeur.

87. — L'apport d'un brevet dans une société constitue une veritable cession, soumise par conséquent, aux règles de l'art. 20. Mais qu'arrivera-t-il si, à la dissolution de la société, la liquidation fait tomber le brevet dans le lot d'un des associés ? En vertu de l'effet déclaratif du partage, il n'y a pas ici de transmission de propriété, par conséquent pas de formalités à remplir. L'associé à qui le brevet est attribué est censé en avoir toujours été propriétaire.

88. — Il n'y aurait pas lieu d'appliquer l'art. 20 aux mutations par décès ou par testament; ni aux résolutions prononcées en justice.

Cette matière, on le voit, présente une grande analogie avec celle de la transcription.

89. — Cependant, même lorsque la loi ne l'exige pas, la prudence commande à celui qui, de quelque manière que ce soit, acquiert un brevet, de faire enregistrer son titre pour le porter à la connaissance des tiers.

C'est ainsi qu'il faut entendre la disposition de l'article 20 § 4 : « L'enregistrement des cessions et de *tous autres actes de mutation* sera fait sur la production et le dépôt d'un extrait de l'acte de cession ou de mutation. » Ce § 5 n'ajoute pas que cette formalité sera accomplie à peine de nullité ; sa forme d'ailleurs n'est pas impérative comme celle des § 2 et 3.

90. — Si l'inventeur vendait sa découverte avant de l'avoir fait breveter, il est bien évident que l'art. 20 ne serait pas applicable. Comme il n'y a pas encore de brevet, il ne peut être question de paiement anticipé de la taxe.

§ 2. *Effets de la cession.*

91. — Si la cession est totale, le cessionnaire se trouve investi de tous les droits qui appartenaient au titulaire du brevet : droit d'exploitation exclusive et de disposition absolue, droit de poursuite contre les contrefacteurs. Si la cession est partielle, son effet est limité par les termes du contrat ; mais dans aucun cas, le cessionnaire ne pourrait se dire inventeur, usurpant ainsi un titre et un honneur qui ne peuvent être détachés de la personne du breveté. — Le tribunal civil de la Seine (3 juillet 1858) a vu dans ce fait un acte de concurrence déloyale, même après l'expiration du brevet.

92. — Les cessions de brevets sont soumises aux règles ordinaires des contrats, et spécialement à celles de la vente. — Il faut tout d'abord que les parties soient capables de contracter et donnent leur libre consentement ; que la cession porte sur un objet déterminé ; qu'elle ait enfin une cause licite.

93. — Quel serait le sort d'une cession faite par un mineur, un interdit, une femme mariée? Dans quelle mesure le tuteur, le mari, sous les divers régimes matrimoniaux, pourraient-ils disposer du brevet? Autant de questions qui sont du domaine du droit civil et dont l'étude nous détournerait de notre matière.

94. — La cession de brevet, comme nous l'avons dit, étant une véritable vente, il en résulte que le cédant est tenu de toutes les obligations qui incombent au vendeur. Il doit, par conséquent, la *garantie en cas d'éviction* (art. 1626 à 1640 Code civil) et *la garantie des vices cachés de la chose vendue* (art. 1641 à 1649).

Supposons par exemple que le cédant a transmis un brevet dont il n'était plus propriétaire : le cessionnaire évincé recourra contre lui pour le faire condamner à la restitution du prix et aux dommages-intérêts (art. 1630). Pourra-t-il retenir tous les bénéfices retirés de l'exploitation du brevet? Ou bien le propriétaire qui l'évince aura-t-il le droit de revendiquer ces produits ? Il nous semble que dans les bénéfices recueillis par le cessionnaire jusqu'au jour de l'éviction, il y a lieu de lui faire la part de l'industrie, du travail, des capitaux qu'il a engagés dans l'exploitation Le surplus représentant la part du brevet serait attribué au propriétaire.

95. — Quels sont les vices cachés dont le cédant devra garantie ? Ceux, en général, dont le cessionnaire n'a pu se rendre compte, et qui l'eussent certainement détourné de la cession s'il les avait connus. C'est par exemple l'introduction en France, par le breveté, d'objets semblables à ceux du brevet ; ou bien la dissimulation par l'inventeur des moyens véritables de sa découverte.

Au contraire, nous ne verrions pas un vice caché dans l'insuffisance de description, car le cessionnaire qui avait cette description sous les yeux a pu en vérifier l'exactitude ; ni dans le défaut de paiement d'une annuité antérieure : rien n'était plus facile que de constater un pareil vice ; ni même dans l'absence d'exploitation pendant deux années consécutives : qui empêchait le cessionnaire de s'informer si le breveté avait rempli cette obligation que la loi lui impose ? La Cour de cassation, dans un arrêt du 13 juin 1864, a décidé que l'inventeur devait garantir au cessionnaire, l'impossibilité de faire fonctionner son brevet comme il l'avait annoncé. — Cette décision nous parait critiquable : le cessionnaire ne devait-il pas, avant de se rendre acquéreur du brevet, faire des expériences, des essais, rechercher en un mot, si l'invention était susceptible d'une application industrielle ? S'il a signé le contrat les yeux fermés, il n'est victime que de son imprévoyance et n'a pas le droit de se plaindre.

96. — Nous estimons également, pour des raisons analogues, que le défaut de nouveauté ne constitue pas un vice caché donnant lieu à la garantie : c'est au cessionnaire à s'enquérir, avant de traiter, si l'invention n'était pas déjà tombée dans le domaine public. Hâtons-nous de dire que la jurisprudence consacre généralement une opinion contraire. (Cass. 15 juin 1856. — Paris, 3 décembre 1860. — Cass. 22 avril 1861, etc. etc.) Elle semble s'appuyer sur ce motif que la cession est nulle comme n'ayant pas d'objet certain. Peut-être serait-elle mieux fondée à dire que le défaut de nouveauté et l'impossibilité d'une application industrielle, constituent l'erreur sur une qualité substantielle du brevet? Cet argument ne nous convaincrait pas davantage. Pour nous, la cession du brevet présente un caractère aléatoire qu'il est impossible de méconnaître. L'inventeur cède son droit tel qu'il se comporte : s'il n'en dissimule pas les vices, s'il met le cessionnaire à même d'en apprécier la valeur et l'efficacité ; peut-on prétendre que le contrat manque d'objet ou de cause ? — Le défaut de nouveauté et l'impossibilité d'exploitation ne sont pas plus des vices

cachés que l'insolvabilité du débiteur dans le cas de transport de créance.

97. — D'ailleurs, pour couper court à toute contestation, le breveté fera bien de stipuler dans le contrat qu'il n'entend garantir ni la validité du brevet, ni la nouveauté ou la valeur pratique de l'invention, et que la cession sera faite aux risques et périls du cessionnaire. — Il est bien entendu cependant que cette stipulation de non garantie laissera le breveté responsable de ses faits personnels (art 1628, Cod. civil)

98. — Ajoutons que l'action en garantie quand il y aura lieu de l'exercer pourra l'être à toute époque; l'art. 1648 ne fixe aucun délai. Ce sera aux juges du fait à décider si le cessionnaire n'a pas mis trop de retard à l'introduire.

99. — Comme l'inventeur qui cède son brevet, celui qui l'acquiert contracte des obligations, il doit payer son prix, exécuter toutes les conditions du contrat]: par exemple, s'abstenir de fabriquer les objets du brevet s'il a seulement acquis le droit de les vendre ; se renfermer strictement dans le périmètre assigné à son exploitation. La condition résolutoire tacite est sous-entendue dans la cession du brevet comme dans tout contrat synallagmatique.

100. — Si le cessionnaire ne remplit pas ses engagements, le cédant peut donc demander la résolution du traité ; mais le contrefacteur poursuivi par le cessionnaire serait-il recevable à lui opposer la [nullité de la cession, en se fondant sur l'inexécution de ses charges ? Non, tant que l'une ou l'autre des parties

n'en a pas demandé la nullité ; le contrat tient toujours et produit tous ses effets. Peut-être le breveté a-t-il fait remise au cessionnaire de tout ou partie de ses obligations : c'est là son droit incontestable, et personne ne peut exiger l'exécution d'un engagement auquel il renonce lui-même. Toutefois il en serait autrement si les parties avaient stipulé d'une façon expresse, que faute par le cessionnaire d'exécuter une clause du contrat, la cession serait résolue de plein droit. Dès que la condition résolutoire formellement stipulée s'accomplit, le contrat tombe et chacun en peut invoquer la nullité. M. Pouillet nous semble donc trop absolu lorsqu'il refuse, sans distinction aux tiers le droit de méconnaître la cession dont les clauses n'ont pas été observées.

101. — La résolution n'a d'effet que pour l'avenir et ne fait pas disparaître les effets que la cession avait produits dans le passé. Ainsi, supposons que le brevet ait été cédé moyennant une redevance annuelle; le cessionnaire exerce son droit pendant un certain temps, et, en échange acquitte un certain nombre d'annuités. Puis intervient une décision judiciaire qui prononce la nullité de la cession : si le brevet subsiste, le cessionnaire le restitue à l'inventeur; il n'est pas tenu dès lors de payer la redevance, mais il conserve les bénéfices qu'il a retirés de l'exploitation. En sera-t-il de même au cas où le brevet est frappé de nullité ou de déchéance ou bien le cessionnaire poura-t-il se faire rendre les annuités dont il a effectué le paiement dans le passé? pourra-t-il dire au cédant : votre brevet étant, lorsque vous

me l'avez transmis, entaché de nullité, les versements que j'ai faits n'avaient pas de cause; quant aux bénéfices que j'ai pu retirer de votre prétendue invention, je ne les dois nullement à un titre qui n'avait pas d'existence légale ? Mais répondra le cédant, avec raison suivant nous : vos bénéfices, s'ils n'ont point leur cause dans mon brevet, vous les devez incontestablement à l'erreur où le public est demeuré sur la valeur légale du titre que je vous ai transmis. C'est ce titre qui vous a protégé contre la concurrence; c'est à lui que vous devez votre libre exploitation dont je prétends retenir légitimement le prix. La Cour de cassation a consacré cette manière de voir si équitable dans un arrêt du 27 mai 1829.

102. — Toutes les règles que nous venons de développer sur la garantie et la résolution pour cause d'inexécution des charges, s'appliqueraient-elles à la licence aussi bien qu'à la cession proprement dite ? Il nous semble qu'en ce qui concerne la garantie, il faudrait plutôt assimiler le porteur de la licence à un véritable preneur, le cédant sera tenu seulement de lui assurer la *jouissance paisible* de son exploitation.

103. — Demandons-nous, en terminant, quelle est, au point de vue de la compétence judiciaire, la nature du contrat de cession. MM. Calmels et Nouguier, proposent la distinction suivante : la cession est-elle faite par un non commerçant, elle ne constitue pas un acte de commerce alors même que le brevet est destiné par l'acheteur à une exploitation commerciale; car le brevet d'invention est, par sa nature une chose civile, et

non une marchandise, La cession, au contraire est-elle faite par un négociant à un autre négociant, ou bien le brevet vendu faisait il partie d'une exploitation commerciale; il faut voir là un acte de commerce pour lequel la juridiction civile cesse d'être compétente (Paris, 16 Novembre 1852. Lyon 4 janvier 1836.)

104. — Ajoutons enfin que le brevet pris en France serait valablement transmis à l'étranger suivant les formes du pays où le contrat est intervenu. Toutefois le cessionnaire, de retour en France devrait faire enregistrer la cession au secrétariat d'une préfecture,

CHAPITRE V.

DROITS DES ÉTRANGERS. BREVETS D'IMPORTATION.

105. — L'article 27 de la loi de 1844, proclame ce principe que les étrangers peuvent prendre des brevets en France, en se conformant aux prescriptions de notre loi ; et cela, sans condition de réciprocité ; alors même que la législation étrangère n'accorderait pas le même privilége à nos nationaux, alors même qu'elle ne protégerait pas le droit des inventeurs. Il n'est pas nécessaire, non plus que l'étranger qui veut obtenir un brevet chez nous réside en France : le projet primitif lui imposait cette condition jugée plus tard inutile en présence de l'art. 32, qui prononce la déchéance dans le

cas où le brevet n'est pas mis en exploitation sur notre territoire, dans le délai de deux années.

106. — La loi du 7 janvier 1791, dans son article 3, déclarait que « quiconque apportera, le premier en France une découverte étrangère, jouira des mêmes avantages que s'il en était l'inventeur. » Le brevet pris dans ces circonstances s'appelait « *brevet d'importation.* » Les plus vives critiques s'élevaient contre une disposition qui, donnant un prix à la course, assimilait le plagiaire à l'inventeur. C'est pour faire droit à ces légitimes protestations que le législateur de 1844, déclara, comme nous le verrons, dans l'article 31, que la publicité reçue par une découverte en pays étranger, suffisait pour la rendre non brevetable en France.

207. — Il y a cependant un cas où l'importation peut devenir en France l'objet d'un brevet valable : c'est celui qui est prévu par l'art. 29 : « L'auteur d'une invention ou découverte *déjà brevetée* à l'étranger, pourra obtenir un brevet en France... » Ainsi deux conditions sont nécessaires pour la validité du brevet d'importation : il faut 1° que l'inventeur lui-même ou son ayant-cause, le demande ; 2° que son invention soit déjà brevetée à l'étranger.

Le législateur n'a pas voulu que l'auteur d'une découverte fût victime des circonstances qui l'ont conduit à se faire breveter dans un autre pays, avant de demander la protection de notre loi. Cette raison s'applique aussi bien et surtout au Français qui aurait obtenu un brevet à l'étranger ; d'ailleurs la discussion de la loi au Corps législatif, ne laisse aucun doute à cet égard. Il fallait aussi se préoccuper des intérêts de notre industrie, et ne pas accorder de brevet pour une invention qui chez nos voisins serait tombée dans le domaine public. Telle est la double considération qui a motivé la disposition de l'article 20.

108. — Pour que la découverte brevetée à l'étranger puisse l'être en France, faudra-t-il qu'elle présente le caractère de nouveauté défini par l'art. 31 ? Faudra-t-il qu'elle n'ait pas reçu avant la date du dépôt une publicité suffisante pour pouvoir être exécutée? Il est difficile de répondre négativement en présence des paroles de Philippe Dupin, rapporteur de la loi : « On ne peut dissimuler, et la loyauté fait un devoir d'en donner hautement avis, que cette règle (la disposition de l'art. 20), paralyse le bienfait de la loi nouvelle à l'égard des industriels qui auraient été brevetés dans des pays, où comme en Russie, les descriptions jointes aux demandes de brevets sont publiées. »

Cependant quelques auteurs distinguent deux sortes de publicités : l'une consistant dans ce fait que le public a pu prendre connaissance de l'invention brevetée ; l'autre résultant de ce qu'en effet, un nombre plus ou moins grand de personnes, a réellement connu les moyens du brevet. Cette dernière publicité seule, la publicité *effective*, comme on l'appelle, entraînerait la nullité du brevet d'importation.

D'accord avec une jurisprudence à peu près constante, nous repoussons cette doctrine qui méconnaît les termes et l'esprit de là loi. (Paris, 20 mai 1857-1ᵉʳ août 1861, etc., etc.).

109. — Il nous semble toutefois qu'eu égard aux particularités que présentent certaines législations étrangères, il y a lieu d'apporter un tempérament à la rigueur de notre système. Ainsi, en Angleterre, la demande reste secrète pendant six mois : si, avant l'expiration de ce délai l'inventeur veut se faire breveter en France, nous croyons qu'il le pourra valablement ; à moins bien entendu qu'en dehors de la demande, l'invention ait reçu une publicité directe et réelle. (Amiens, 22 juin 1861).

110. — L'article 20 ajoute que la durée du brevet d'importation ne pourra excéder celle des brevets antérieurement pris à l'étranger. Le législateur ne pouvait pas interdire la libre exploitation en France d'une industrie qu'aucun privilége n'entrave plus à l'étranger.

111. — Cette disposition ne présente aucune difficulté lorsque la patente étrangère arrive à son terme légal : mais si elle vient à être frappée de nullité ou de déchéance, le brevet d'importation partagera-t-il le même sort ? Nous nous étonnons qu'on ait pu le nier. Le motif qui a dicté la règle de l'art. 20, est-il donc ici moins pressant, moins impérieux ? Notre industrie ne demande-t-elle pas la même protection dans l'un et l'autre cas ? On objecte que, notre système imposera aux juges la tâche difficile d'interpréter les législations étrangères. Mais, comme le dit M. Pouillet lui-même, qui combat notre opinion, est-ce que dans d'autres

matières, par exemple en matière de mariage, le même effort n'est pas imposé à nos magistrats qui plus d'une fois s'en sont tirés à leur honneur? (Cass., 14 janv. 1864). Au surplus, les tribunaux exigeront, s'ils le jugent convenable, la preuve de la décision judiciaire ou administrative qui prononce la nullité du brevet étranger; et leur rôle se bornera dès lors à une simple constatation exempte des difficultés qu'on redoute.

112. — *Marques, dessins ou modèles de fabrique.* — Nous avons vu la loi de 1844 consacrer d'une façon absolue le droit des étrangers à prendre des brevets en France. Il est intéressant de rapprocher cette disposition d'une autre plus récente écrite dans la loi du 26 novembre 1873, sur une matière offrant de l'analogie avec celle qui nous occupe :

Art. 9 : « Les dispositions des autres lois en vigueur touchant le nom commercial, les marques, dessins et modèles de fabrique, seront appliquées au profit des étrangers, si dans leur pays la législation ou des traités internationaux assurent aux Français les mêmes garanties. » Le législateur, comme on le voit, applique ici le principe de l'art. 11 du Code civil avec cette innovation remarquable et sans précédent qu'il attribue à la réciprocité législative les mêmes effets qu'à la réciprocité diplomatique.

113. — *Propriété littéraire.* — La doctrine et la jurisprudence sont d'accord pour reconnaître que l'auteur étranger jouit en France, sur son œuvre, du même droit que l'auteur français, à la condition de se conformer au décret du 28 mars 1852 et de faire en France

sa première publication. S'il publie son œuvre d'abord à l'étranger, il a bien droit à la reconnaissance de sa propriété en France, mais il ne partage pas le bénéfice des conventions internationales qui protègent à l'étranger les œuvres publiées sur notre sol.

CHAPITRE VI.

NULLITÉS ET DÉCHÉANCES.

114. — Le brevet demandé dans les formes régulières, et délivré par l'administration, ne constitue pas entre les mains de l'inventeur un titre incontestable : au contraire, toute personne intéressée est admise à le combattre et à le faire tomber

S'il est entaché d'un vice qui affecte son origine, l'*action en nullité* l'anéantira dans le passé comme dans l'avenir. Si, valable au début, il devient caduc par suite d'un événement ultérieur, l'*action en déchéance* l'invalidera dans l'avenir en respectant les effets qu'il a produits dans le passé. Le brevet nul n'a jamais existé; le brevet frappé de déchéance cesse de vivre.

115. — Conformément aux principes de droit commun, c'est à celui qui attaque le brevet en déchéance ou en nullité qu'incombe la charge de la preuve. Car, bien que délivré sans examen préalable, le brevet n'en constitue pas moins un titre au profit de l'inventeur, et ce titre est présumé valable tant que les tribunaux n'ont pas statué sur l'action dirigée contre lui.

§ 1. *Nullités.*

116. — L'article 30 énumère sept causes de nullité que nous allons successivement passer en revue.

1° *Défaut de nouveauté*

117. — L'article 31 définit en ces termes ce qui constitue l'absence de nouveauté : « Ne sera pas réputée nouvelle toute découverte, invention ou application qui, en France ou à l'étranger, et antérieurement au dépôt de la demande, aura reçu une publicité suffisante pour pouvoir être exécutée. »

Ainsi donc, la publicité vicie le brevet, en quelque lieu qu'elle se soit produite, en France ou à l'étranger.

Bien que la loi du 7 janvier 1791 ne l'ait pas dit en termes formels, cependant une jurisprudence constante considérait la publicité étrangère comme une des causes de nullité du brevet.

118. — Peu importe, d'ailleurs, le mode de publicité : que l'invention soit décrite dans un livre, dans un journal, dans une circulaire, le brevet est frappé de

nullité si cette description, portée à la connaissance du public, a suffi pour lui permettre de connaître et d'exécuter les moyens de l'invention.

119. — La publicité ne résultera pas seulement de la publication faite dans un ouvrage quelconque; elle peut encore être la conséquence du fait lui-même. Ainsi l'usage public de l'invention dans l'industrie ou le commerce viciera certainement le brevet. Sous l'empire de la loi de 1791, l'usage, même complet et général, n'était pas une cause de nullité : l'art. 16, n° 3, ne prononçait la déchéance que *lorsque la découverte avait été consignée et décrite dans des ouvrages imprimés et publiés*. Toutefois le breveté n'avait plus qu'un titre nominal : car la jurisprudence lui refusait le droit de poursuivre en contrefaçon les tiers qui s'étaient servis d'une invention antérieurement pratiquée. Le législateur de 1844 a fait disparaître cette anomalie.

L'usage resté secret entre un nombre limité de personnes, sera-t-il suffisant pour faire annuler le brevet ? Nous ne le croyons pas. La publicité, avons-nous dit, est le fondement du défaut de nouveauté. Si l'invention n'a été pratiquée que par quelques individus, dans l'ombre et avec mystère, où est la publicité ? Sans doute, l'invention a cessé d'être absolument nouvelle, mais il est impossible, sans forcer le sens des mots, de dire qu'elle est tombée dans le domaine public. Où finira l'usage secret et restreint qui laisse à la découverte son caractère de nouveauté légale ? Où commencera la publicité qui vicie le brevet ? Il y a là, une pure question de fait que les juges apprécieront. (Cass. 30 mars 1849, — 19 août 1853, — 17 février 1854).

121. — Nous aurons plus tard à nous demander, si cette possession antérieure qui ne porte pas atteinte aux droits du breveté, constitue néanmoins un droit acquis au profit des tiers qui connaissaient et pratiquaient secrètement les moyens de l'invention.

122. — Lorsque la publicité de la découverte résulte de son exploitation générale et répandue dans l'industrie, pas de doute que le brevet soit frappé de nullité : mais lorsque celui qui attaque le droit de l'inventeur invoque une description contenue dans un ouvrage, un écrit quelconque, des difficultés sérieuses apparaissent : quel caractère doit offrir cette publication pour constituer l'absence de nouveauté? Faudra-t-il que l'auteur annonçant la découverte, soit entré dans tous les détails de son application pratique? Ou bien suffira-t-il qu'il en ait simplement émis l'idée sans sortir du langage de la science et du domaine de la théorie?

Rappelons les termes de l'art. 31 : l'invention n'est pas réputée nouvelle quand elle a reçu *une publicité suffisante pour pouvoir être exécutée*. Peu importe la nature de l'ouvrage où elle est décrite ; peu importe la qualité de l'auteur ; savant ou industriel, si sa découverte est susceptible, telle qu'il l'a conçue, d'être mise en œuvre, le vœu de la loi est rempli ; la publicité existe. A cette question : l'antériorité scientifique annule-t-elle le brevet, il faut donc répondre : oui si le savant, a indiqué les données certaines qui permettent la réalisation de son idée ; non si, renfermé dans le domaine de la spéculation ; il s'est contenté de signaler l'existence d'un produit ou d'un phénomène, sans faire connaître les moyens d'obtenir le premier, d'utiliser le second dans l'industrie.

123. — Un chimiste allemand Hoffmann ayant décrit, sous le nom de *matière colorante* un produit qui fut appelé plus tard, *la fuschine*, des industriels lyonnais, MM. Renard, prirent en 1859, un brevet pour l'application de cette matière à la teinture. La question se présenta devant les tribunaux, de savoir, si, après la description d'Hoffmann, la découverte de MM. Renard offrait le caractère de nouveauté que demande la loi. La Cour de Lyon déclara le brevet valable dans un arrêt du 13 décembre 1861, et la Cour suprême approuva cette décision (Rej., 13 août 1862).

Quel était donc le titre de MM. Renard ? Six mois avant eux, Hoffmann avait eu l'idée d'extraire de l'aniline une matière colorante ; ils n'ont fait qu'utiliser industriellement un produit connu. Peut-on dire que ce soit là l'application nouvelle susceptible d'être brevetée ? Celui-là mérite bien certainement le titre d'inventeur qui s'emparant d'une idée, lui donne pour ainsi dire un corps, la soumet à des expériences, et d'une pure abstraction parvient à faire une réalité vivante ; mais celui qui, sans rien modifier, transporte la découverte, du laboratoire du savant dans l'atelier de l'industriel, peut-il sérieusement prétendre à la garantie du brevet ?

Enfin, pour ramener la discussion sur le terrain de la loi, la description d'Hoffmann n'était-elle [pas suffisante pour permettre l'exécution de son idée, la fabrication industrielle de son produit? Ajoutons que M. Marie ayant proposé au Corps législatif de restreindre la publicité à deux cas : celui où l'invention aurait été industriellement pratiquée et celui où elle aurait été décrite d'une *manière technique* dans un ouvrage publié et imprimé, cet amendement fut repoussé par la chambre. Les termes généraux que le législateur a maintenus à dessein, sont une preuve évidente qu'une description purement théorique peut constituer l'absence de nouveauté qui vicie le brevet.

124. — Lorsque, par quelque voie que ce soit, l'invention est portée à la connaissance du public, il n'y a pas à rechercher la cause ou les auteurs de cette divulgation. Si, par exemple, un tiers, trompant la vigilance de l'inventeur, même à l'aide de manœuvres frauduleuses, découvre son secret et le fait connaître, la publicité qui en résultera, pour avoir sa source dans un délit, n'enlève pas moins à l'invention son caractère de nouveauté. La victime de cet abus de confiance aura bien une action en dommages-intérêts contre l'auteur du délit; mais rien ne pourra faire vivre un brevet auquel il manque dès lors un élément essentiel à sa validité. — Si le secret de l'inventeur, quoique surpris, n'a pas été cependant répandu, il est certain que son droit au brevet demeure intact.

125. — La publicité résultera-t-elle de ce fait que le produit, breveté avant la demande du brevet, a figuré

dans une exposition publique? Assurément, et il a fallu une loi spéciale (2 mai 1855) pour protéger les inventeurs non encore brevetés qui voulaient exposer leurs produits à l'exposition de 1855. Les industriels purent obtenir des certificats descriptifs des objets déposés, certificats leur assurant jusqu'au 1er mars 1856 les mêmes droits que leur aurait conférés un brevet d'invention. Une loi du 23 mai 1868 fut votée, dans le même but, à la veille de la dernière exposition.

126. — Une première demande administrativement rejetée, pourrait-elle rendre nul le brevet ultérieurement demandé pour la même invention? M. Nouguier fait une distinction qui nous semble on ne peut plus raisonnable : si la demande a été rejetée, parce qu'elle ne contenait pas de description, elle ne constitue assurément pas cette publicité qui rend la découverte non brevetable. La demande a-t-elle été repoussée pour toute autre cause : par exemple, elle n'était pas limitée à un seul objet, ou bien elle ne contenait pas de titre, alors la publicité qui en résulte était suffisante pour que l'invention pût être exécutée, et le brevet est nul.

127. — Lorsque l'invention porte sur plusieurs produits ou plusieurs moyens distincts, il peut arriver que les uns étant déjà tombés dans le domaine public, les autres présentent un caractère de nouveauté incontestable; nul doute que dans ce cas les tribunaux puissent prononcer la nullité partielle du brevet qui, observe M. Nouguier, avec beaucoup de justesse « est limité

plutôt qu'annulé » (Cass., 4 mars 1856, Paris, 29 décembre 1855).

128. — Il reste, d'ailleurs, bien entendu que, tous les éléments du brevet étant tombés dans le domaine public, leur combinaison peut néanmoins constituer une invention nouvelle parfaitement brevetable. Les juges violeraient donc la loi s'ils se livraient à l'appréciation de diverses parties de l'invention, sans rechercher, en outre, si le système en lui-même et dans son ensemble, ne constitue pas un procédé industriel nouveau, susceptible d'être breveté. La jurisprudence de la Cour de cassation a toujours appliqué ce principe avec rigueur (Cass. 1er mai 1851, 5 fév. 1853, 15 juillet 1854, 22 décembre 1855, 12 janvier 1856.)

129. — Les juges du fait, saisis d'une question d'antériorité, peuvent accueillir toutes sortes de preuves, même la preuve testimoniale; ils ont à cet égard un pouvoir d'appréciation souverain. C'est ce qui résulte, nous l'avons dejà dit, et des termes généraux de la loi et du rejet de l'amendement qu'avait proposé M. Marie. La question de savoir si les faits invoqués constituent une publicité véritable, n'est pas une qustion de droit, et nous sommes surpris qu'on ait osé soutenir le contraire en présence d'une disposition qui révèle si nettement la pensée du législateur. Toutes les distinctions qu'on a proposées sont arbitraires et dénuées de fondement.

130. — Mais, hâtons-nous de le dire, pour être souveraine, la décision des juges du fait doit être sérieusement motivée ; il ne suffirait point, par exemple, de

déclarer en termes vagues que l'invention était connue avant l'obtention du brevet, sans préciser les circonstances dont on fait découler le défaut de nouveauté. De même encore, la Cour suprême pourrait casser une décision qui admettrait une antériorité ne portant pas sur un objet identique à celui de l'invention elle-même : car ici la loi du brevet serait violée (Cass. 8 janv. 1809.) Enfin, est-il besoin d'ajouter qu'un arrêt ne peut pas légalement décider qu'une invention n'est pas nouvelle, en se fondant sur un fait de publicité antérieur au dépôt de la demande ? ce serait une violation de l'art. 31.

Sous ces réserves, répétons-le, les juges du fait ont un pouvoir souverain d'appréciation, soit qu'il s'agisse d'admettre les faits qui constituent la publicité, soit qu'il s'agisse de décider si la publicité résultant de ces faits est suffisante pour invalider le brevet.

2° Compositions pharmaceutiques, plan de finance.

131. — Nous avons déjà vu, en étudiant l'art. 3, que le ministre pouvait refuser le brevet demandé pour un médicament ou un plan de finance. Si l'inventeur, sous le couvert d'un faux titre a trompé l'administration, le brevet qu'il a ainsi obtenu n'a aucune valeur légale, et les tribunaux en prononceront la nullité.

3° Défaut de caractère industriel.

132. — Le projet de loi déclarait nul le brevet qui porte sur des principes, méthodes, systèmes et conceptions théoriques, les mots « *dont on n'a pas indiqué les applications industrielles* » furent ajoutés dans la rédaction définitive sur la proposition de M. Arago. Ce dernier membre de phrase donne à la disposition sa véritable portée : ainsi donc, le savant qui découvre un principe, une loi nouvelle de la nature, ne peut obtenir le brevet qu'à la condition d'indiquer une ou plusieurs applications industrielles de sa découverte.

133. — Nous avons déjà émis notre opinion sur ce qu'on appelle les brevets de principe : Il nous semble incontestable que le brevet protége seulement l'application spéciale qu'il indique, sans pouvoir être étendu à toutes celles qui se produiront dans l'avenir. Lui donner une autre portée, ce serait anéantir l'esprit de recherche, et reconnaître à l'inventeur un droit qui n'a point de fondement légitime.

4° Caractère illicite de l'invention.

134. — L'art. 30, § 4, déclare nul, le brevet pris pour une découverte, invention ou application reconnue contraire à l'ordre ou à la sûreté publique, aux bonnes mœurs ou aux lois de l'Etat, sans préjudice des peines qui pourraient être encourues pour la fabrication ou le débit d'objets prohibés.

Serait nul, par application de ces principes, le brevet obtenu pour la fabrication de produits dont le monopole est réservé à l'Etat ou à des compagnies concessionnaires : comme le tabac, la poudre, les allumettes chimiques, etc., etc.

135. — Un individu qui n'est pas pharmacien, pourrait-il se faire breveter pour un procédé de fabrication applicable à une substance vénéneuse ? La Cour de Paris l'a décidé dans un arrêt du 14 nov. 1838. Mais il est bien entendu que l'inventeur pour tirer parti de son brevet, serait tenu d'en céder l'exploitation à ceux qui réunissent les conditions exigées par les lois.

5° Inexactitude frauduleuse du titre.

136. — Nous nous rappelons que l'art. 6, exige que la demande du brevet indique un titre renfermant la désignation précise et sommaire de l'invention. Ce titre se complète et s'explique par le mémoire descriptif; son insuffisance n'est donc pas une cause de nullité ; ni même son inexactitude, à moins qu'elle ne soit frauduleuse ; c'est-à-dire à moins que l'inventeur pour tromper les tiers, n'ait indiqué dans le titre un objet autre que le véritable objet de la découverte.

6° Insuffisance de la description.

137. — On comprend que la loi devait se montrer plus sévère lorsqu'il s'agit de la description destinée à faire connaître au public les moyens du brevet.

138. — L'art. 30, n° 6, nous indique le caractère que la description doit présenter :

Il faut : 1° qu'elle soit suffisante pour l'exécution de l'invention ; 2° qu'elle indique d'une manière complète et loyale les vrais moyens de l'inventeur.

139. — Parlons d'abord de la première condition : pour répondre au vœu de la loi, l'inventeur n'est pas tenu de faire ressortir les avantages qui peuvent résulter de sa découverte (Cass., 6 avril 1861), ni d'exposer les principes sur lesquels elle repose (Colmar, 29 nov. 1865). La loi n'exige pas non plus que la description soit irréprochable au point de vue du style : tous les inventeurs ne sont pas des savants, et il était impossible d'exiger d'eux qu'ils se servissent toujours du mot propre, si, d'ailleurs, la signification des termes employés n'est pas douteuse (Paris, 30 mars 1854). Enfin il n'est pas nécessaire que la description soit à la portée de toutes les intelligences ; il suffit qu'elle soit assez précise pour rendre l'exécution de l'invention possible à l'ouvrier, s'il s'agit de choses de sa compétence ; à l'homme de l'art, s'il s'agit d'opérations d'un ordre supérieur (Rapport à la Chambre des pairs).

140. — M. Nouguier fait observer avec raison «que « l'exactitude et la suffisance de la description doivent porter, non-seulement sur les moyens à employer, mais encore sur les résultats à obtenir. » Le brevet serait donc nul, si l'emploi des moyens donnait des résultats contraires ou différents de ceux indiqués.

141. — Rappelons d'ailleurs que la description ne saurait être considérée comme insuffisante, lorsque des dessins et échantillons la complètent et l'expliquent (Cass., 3 fév. 1863, Rouen, 26 nov. 1866).

142. — Si le mémoire descriptif ne présente pas le caractère que nous venons de déterminer, quelle que soit la cause de son insuffisance, le brevet est frappé de nullité. En vain l'inventeur invoquerait-il sa bonne foi; en vain prouverait-il qu'une erreur s'est glissée dans sa description, il n'en sera pas moins victime de sa négligence. C'était à lui d'apporter toute son attention et, s'il le fallait, de recourir aux lumières d'hommes compétents pour la rédaction d'un titre aussi grave.

143. — A plus forte raison, la loi devait-elle se montrer rigoureuse envers le breveté qui dissimule les véritables moyens de son invention. Mais, comme le fait remarquer M. Pouillet, cette disposition, fort équitable, sera bien difficilement appliquée : « Si l'on reproche au breveté de se servir de moyens différents de ceux qu'il a décrits, et meilleurs, il lui sera toujours facile de répondre que ces moyens, il ne les a découverts que depuis la prise du brevet. Et cette réponse, comment la contredire? »

144. — Les tribunaux décident souverainement si la description est, ou non, suffisante. Toutefois n'oublions pas qu'ils doivent respecter la loi du brevet, dont ils n'interprètent les termes que sous le contrôle de la Cour de cassation. Comment concilier cette réserve avec le pouvoir souverain que nous leur reconnaissions tout à l'heure? Pour apprécier, en effet, si la description répond au vœu du législateur, les juges seront presque toujours conduits à examiner quelle est la pensée, c'est-à-dire, la loi du brevet; et leur décision tombera sous la censure de la Cour suprême. Mais, s'ils ont sainement interprété le brevet, et que néanmoins ils aient estimé la description insuffisante, à raison de son laconisme ou de son obscurité, ils auront bien certainement jugé une pure question de fait, et leur décision sera irrévocable. Dans cette mesure, il est vrai de dire qu'ils ont un pouvoir d'appréciation souverain.

7° *Brevet pris contrairement à l'art. 18.*

145. — Tout intéressé est recevable à prouver que l'objet réel du brevet n'est qu'un perfectionnement d'une invention précédente. Cette preuve faite, le brevet est nul, s'il a été pris contrairement à l'art. 18, c'est-à-dire avant l'expiration de l'année réservée, à moins, bien entendu, que la demande n'ait été déposée sous pli cacheté.

8° *Nullité du certificat d'addition.*

146. — « Seront également nuls et de nul effet, les certificats comprenant des changements, perfectionnements ou additions qui ne se rattacheraient pas au brevet principal. » Cette disposition, toute fiscale, doit être renfermée dans des limites étroites. Il suffira, comme le disait M. de Raynal, devant la Cour de cassation, que la nouvelle invention se rattache, de près ou de loin, mais qu'elle se rattache réellement, certainement, sincèrement, à l'invention principale, pour qu'elle puisse être consacrée, au profit de l'inventeur, par un simple certificat d'addition.

Quel sera ici le pouvoir d'appréciation des juges du fait? Il y a lieu d'appliquer les mêmes principes que nous avons posés plus haut au sujet du mémoire descriptif. Si le tribunal dénature l'objet, soit du brevet, soit du certificat d'addition, qui constitue aussi la loi de l'inventeur, sa décision sera soumise au contrôle de la Cour suprême. Mais, si les juges du fait, respectant cette loi, déclarent qu'il n'y a pas de relation entre le certificat et le brevet, alors, sans aucun doute, leur appréciation est souveraine (Cass., 25 nov. 1856, 30 nov. 1864, 11 mars 1867).

§ 2. *Déchéances.*

L'art. 32 énumère trois causes de déchéance :

1. Défaut de paiement des annuités.

147. — « Sera déchu de tous ses droits le breveté qui n'aura pas acquitté son annuité avant le commencement de chacune des années de la durée du brevet. » Il s'agit ici d'une déchéance absolue et non simplement comminatoire, encourue, par le seul fait du retard, avant la déclaration des tribunaux, qui se borne à la constater (Trib. civ. Seine, 10 juill. 1861. Cependant, nous croyons que cette rigueur de la loi devrait céder en présence d'un obstacle absolu qui aurait empêché le breveté de payer sa taxe en temps utile. Notre législation, en maintes circonstances, admet l'excuse de force majeure; il n'y a pas de raison sérieuse pour la repousser ici, malgré le silence de la loi.

148. — Deux décrets, l'un du 25 février 1848, l'autre du 10 septembre 1870, ont déclaré relevés de la déchéance les brevetés qui n'avaient pu acquitter leurs annuités à raison des événements.

La question s'est élevée de savoir si l'inventeur, pour profiter de ces décrets, devait prouver qu'il lui avait été effectivement impossible de faire son paiement, ou bien si les décrets avaient accordé d'une façon générale et sans distinction, un délai de grâce à tous les brevetés. Cette seconde interprétation nous semble la plus raisonnable; un arrêt de la Cour de Paris, du 26 mai 1855, l'a consacrée.

149. — On décide généralement que les délais se

calculent de jour à jour et non d'heure à heure et que le *dies a quo* ne doit pas être compté. En conséquence, les annuités seront valablement payées le jour anniversaire du dépôt de la demande (Cass., 29 janv. 1863; trib. corr. de la Seine, 16 déc. 1862). Si l'échéance tombe un jour férié, nous croyons, et il a été jugé que le paiement doit être fait la veille. (Paris, 26 juillet 1865.)

150. — La loi de 1791 attribuait à l'administration le droit de prononcer la déchéance pour cause de retard dans l'acquittement des annuités. Le législateur de 1844 n'a pas reproduit cette disposition qui ouvrait la porte à l'arbitraire. Toutes les questions de nullité ou de déchéance, sans exception, sont de la compétence des tribunaux civils.

2· Défaut ou cessation d'exploitation.

151. — Suivant le droit commun, le propriétaire est libre d'user ou de ne pas user de sa chose ; ce principe reçoit exception en matière de brevets. La société dit à l'inventeur : Vous seul, pour le moment, avez le droit d'exploiter votre découverte ; mais il faut que vous usiez de ce privilége, l'intérêt général l'exige ; c'est à ce prix que je vous accorde ma protection. Si vous restez inactif, votre brevet n'est propre qu'à entraver l'industrie et vous êtes présumé y renoncer. Il faut enfin que le jour où votre droit privatif cessera, le domaine public acquière les avantages d'une invention

éprouvée par votre pratique et votre expérience. — Cette théorie est tellement conforme à la nature des brevets que toutes les législations l'ont sanctionnée.

152. — Le délai de deux ans accordé par l'art. 32 à l'inventeur pour mettre sa découverte en exploitation ; ce délai court à partir du jour de la *signature du brevet*. C'est une dérogation au principe que les effets du brevet partent du jour de la demande. L'art. 32 est formel et, comme il édicte une peine, il faut l'interpréter rigoureusement.

153. — La même déchéance est encourue par le breveté qui, après avoir mis sa découverte à exécution, cesse ensuite de l'exploiter pendant *deux années consécutives*. — La loi de 1791, moins rigoureuse pour l'inventeur, ne punissait pas l'interruption d'exploitation.

154. — Dans les deux cas énoncés dans le n° 2 de l'art. 32, la déchéance n'est pas absolue : l'inventeur peut en être relevé quand il justifie des causes de son inaction. La loi n'énumérant pas ces causes, en laisse l'appréciation aux tribunaux.

155. — Pour que l'exploitation sauve le brevet de la déchéance, il faut qu'elle soit sérieuse et réelle : un acte isolé de fabrication ne répondrait pas au vœu du législateur, pas plus que l'usage exclusivement personnel de l'invention; toutefois, il n'est pas nécessaire que le breveté exploite lui-même sa découverte; mais des actes de contrefaçon qu'il aurait tolérés ne suffiraient pas pour le mettre à l'abri de la déchéance. Cette tolérance de sa part jointe à son inaction ferait doublement présumer la renonciation au brevet.

156. — Si l'invention comprend des procédés distincts, suffira-t-il de l'emploi d'un seul d'entre eux pour sauvegarder les autres? Nous avons dit que le brevet ne constitue pas un tout indivisible et peut être frappé d'une nullité partielle : pourquoi n'en serait-il pas de même pour la déchéance? Quel principe s'oppose ici à ce qu'un procédé tombe dans le domaine public, tandis que l'autre reste l'objet du droit exclusif? Nous ne distinguerons même pas, comme on l'a fait, suivant que les divers moyens indiqués au brevet donnent des résultats identiques ou différents. Si l'inventeur, dans le délai prescrit, n'exploite qu'un seul de ces moyens, l'industrie souffrira de son inaction partielle, car c'est peut-être dans la multiplicité des procédés que consiste surtout l'avantage de son invention. Toutefois la rigueur de cette règle devrait céder, dans le cas où tous les moyens brevetés auraient entre eux une analogie intime qui permettrait de les employer indifféremment.

157. — Conformément au droit commun, c'est à celui qui attaque le brevet de prouver le défaut d'exploitation. La décision des juges du fait à cet égard sera souveraine, pourvu que la loi du brevet soit respectée.

3° Introduction en France d'objets similaires.

158. — La loi, dans l'intérêt de l'industrie nationale, déclare déchu de ses droits le breveté qui aura introduit en France des objets fabriqués en pays étran-

ger et semblables à ceux qui sont garantis par le brevet. Une seule exception était admise en faveur de l'individu *breveté à l'étranger et en France*, qui pouvait, autorisé du ministre de l'agriculture et du commerce, introduire des modèles de machines fabriqués hors de notre territoire. Une loi du 20 mai-1er juin 1856 donne dans tous les cas au ministre le droit d'autoriser l'introduction des modèles de machines, des objets similaires destinés à des expositions publiques, et des mêmes objets destinés à des essais faits avec l'assentiment du gouvernement.

159. — L'introduction non autorisée entraîne la déchéance du brevet, quelle qu'en soit la cause : autrement la loi de 1856 serait inutile. D'ailleurs l'art. 32 ne permet de faire aucune distinction. Ainsi donc l'inventeur n'échapperait pas à la déchéance en alléguant que l'objet introduit en France était destiné à son usage personnel.

160. — Mais pour que la sanction de la loi soit applicable, il faut que l'introduction ait été faite par le breveté lui-même, ou par un tiers sur son ordre. Sans cela, les industriels, gênés par le brevet, auraient trop beau jeu pour le faire disparaître.

161. — Avant de quitter cette matière, rappelons une disposition rigoureuse de la loi de 1791, qui a disparu de la législation actuelle : art. 16, § 5. « Tout inventeur qui, après avoir obtenu une patente en France, sera convaincu d'en avoir pris une pour le même objet, en pays étranger, sera déchu de sa patente. »

Aujourd'hui l'inventeur qui s'est fait breveter en France, est libre de rechercher la même protection dans tous les pays du monde.

§ III. *Actions en nullité et en déchéance.*

162. — Après avoir étudié les causes qui donnent ouverture aux actions en déchéance et en nullité, demandons-nous maintenant par qui, dans quelles formes, devant quels tribunaux ces actions peuvent être intentées.

163. — Nous savons que la nullité et la déchéance qui frappent les brevets sont *relatives* ou *absolues*. Cette distinction indique tout naturellement la division de notre étude.

1° *Nullité ou déchéance relative.*

164. — « L'action en nullité, et l'action en déchéance pourront être exercées par toute personne *y ayant intérêt*. » Art. 34. Permettre au premier venu d'attaquer un brevet en invoquant l'intérêt social, c'eût été consacrer une grave dérogation au principe général de notre droit, qui refuse aux simples particuliers l'exercice de l'action publique. Aussi le législateur de 1844 a t-il réduit le droit de demander la déchéance et la nullité au cas où le demandeur aurait un intérêt personnel. Le

rapporteur de la loi, Philippe Dupin, définissant en ces termes le sens et la portée exacte de cette expression: « L'intérêt peut être dans l'avenir comme dans le passé ou le présent. Ainsi, un fabricant voudra faire usage d'une machine brevetée; par exemple, un marchand de drap voudra se servir de ce qu'on appelle une tondeuse : il aura droit d'attaquer celui qui, sans droit aura pris un brevet pour cette machine. Mais il faut qu'il y ait un intérêt réel, sérieux, justifié; les tribunaux apprécieront. »

La jurisprudence se conforme toujours à cette interprétation de l'art. 34.

165. — Nous pouvons citer comme ayant un intérêt incontestable à poursuivre la nullité du brevet: le contrefacteur ; celui qui se serait fait breveter pour la même invention; (Cass. 4 juin 1839) le titulaire d'un brevet de perfectionnement dont l'exploitation est arrêtée par l'existence du brevet perfectionné. (Trib. civ. Lyon 22 nov. 1866.) Admettrons-nous le consommateur à poursuivre la nullité du brevet qui l'oblige à payer plus cher un produit dont il a besoin ? Cet intérêt nous semble suffisant pour rendre son action recevable. Mais les juges devront se montrer assez rigoureux et ne pas accueillir la demande lorsque le brevet portera sur un produit dont la consommation n'intéresse pas sérieusement le demandeur.

166. — Contre qui l'action doit-elle être dirigée ? Contre le propriétaire actuel du brevet : que ce soit l'inventeur lui-même ou son cessionnaire. S'il y a plusieurs cessionnaires partiels, le demandeur les assignera

tous ou seulement quelques uns d'entre eux, à son choix, sans préjudice du droit que les autres conserveront d'intervenir dans l'instance.

167. — Voyons maintenant quelle est la juridiction compétente pour connaître des actions en nullité ou en déchéance. « Ces actions, ainsi que toutes contestations relatives à la propriété des brevets seront portées devant les tribunaux civils de première instance.» Art. 34. Ainsi se trouve formellement écartée la compétence de l'autorité administrative, aussi bien que celle des tribunaux de commerce. Nous croyons que les juges consulaires ne pourraient pas connaître d'une action en nullité ou en déchéance, même alors qu'elle serait opposée comme exception à une demande dont ils sont régulièrement saisis. (Riom, 27 mai 1862. Bordeaux 10 août 1867.)

Le législateur de 1844, en effet, semble bien avoir voulu déroger, en notre matière, à ce principe général : que le juge de l'action est juge de l'exception. Si telle n'a pas été sa pensée, comment expliquer l'article 46, qui permet au tribunal correctionnel saisi d'une action en contrefaçon, de statuer sur l'exception tirée par le prévenu de la nullité ou de la déchéance du brevet? On conçoit que cette disposition eût été inutile, si la loi sur les brevets d'invention n'avait pas écarté le principe de droit commun que nous rappelions tout à l'heure.

168. — Ce qui vient d'être dit pour les tribunaux consulaires s'applique, par des motifs analogues, à la juridiction arbitrale. Rien n'empêcherait toutefois les

parties, au lieu de porter leurs différends devant les tribunaux civils, de transiger sur les contestations qui s'élèvent au sujet de la validité des brevets. Mais il y aurait lieu de faire une exception pour les cas où, comme nous le verrons plus loin, le ministère public peut poursuivre la nullité ou la déchéance par voie principale et directe.

169. — Quel est le tribunal civil compétent? Celui du domicile du breveté ou de son cessionnaire. S'il y a plusieurs cessions partielles, et que la demande soit dirigée contre le titulaire du brevet et contre un ou plusieurs de ses ayants-cause, elle sera portée devant le tribunal du domicile du breveté (art. 35). Cette disposition déroge, comme on le voit, à l'art. 59 du Code de procédure, lequel, s'il y a plusieurs défendeurs, autorise le demandeur à assigner, à son choix, devant le tribunal du domicile de l'un d'eux. Le législateur a pensé qu'il serait trop rigoureux, en cas de nombreuses cessions partielles, d'obliger tous les ayants-cause à venir défendre à l'action en nullité ou en déchéance partout où peut se trouver un cessionnaire.

170. — L'assignation serait-elle valablement faite au domicile élu par l'inventeur lors de la demande du brevet (art. 5)? Nous ne le croyons pas : cette élection de domicile n'a d'effet qu'en ce qui concerne les rapports du gouvernement avec le breveté ; elle reste absolument étrangère à la procédure : les tiers ne peuvent donc pas l'invoquer.

171. — Si le brevet appartient à une société com-

merciale, la demande en nullité ou la déchéance devra être introduite devant le tribunal du domicile où la société est établie.

172. — Aux termes de l'art. 36, l'affaire est jugée dans les formes prescrites pour les matières sommaires (art. 405 et suiv., Code de proc.). Elle doit être communiquée au procureur de la république : ce qui, remarquons-le, rend absolument inadmissible la compétence des juridictions consulaire et arbitrale.

173. — Les demandes en nullité ou en déchéance sont-elles dispensées du préliminaire de conciliation? La loi, en les soumettant à la procédure des affaires sommaires, reconnaît par là même le caractère d'urgence des procès où la validité des brevets est en jeu : n'est-ce pas le cas d'appliquer l'art. 48 du Code de procédure, qui dispense du préliminaire de conciliation les demandes *requérant célérité?*

174. — Les règles ordinaires de la procédure auxquelles il n'est pas formellement dérogé sont applicables aux actions qui nous occupent. Notamment les juges, pour s'éclairer sur les questions qui leur sont soumises, pourront toujours ordonner une expertise, alors même que les parties n'y auraient pas conclu; et réciproquement, le tribunal, s'il estime qu'il est suffisamment éclairé, pourra refuser l'expertise que les parties demanderaient.

175. — Lorsqu'une demande en nullité ou en déchéance est pendante devant le tribunal, toutes les personnes intéressées à faire tomber le brevet, pourront intenter des actions principales ou bien intervenir dans

le procès originaire, en suivant les formes prescrites par l'art. 339 du Code de procédure : l'une et l'autre voies leur sont ouvertes, mais la seconde sera bien préférable, notamment parce qu'elle écartera le danger de décisions contradictoires.

176. — Les jugements n'ont d'effet que pour ceux qui les obtiennent et contre ceux qui les subissent «*res inter alios judicata aliis nec nocere nec prodesse potest.* » Faisons à notre matière l'application de ce principe : Paul attaque un brevet devant le tribunal civil de la Seine, et il échoue. L'art. 1351 du Code civil s'oppose bien à ce qu'il intente une nouvelle action fondée sur la même cause, comme nous l'expliquerons tout à l'heure : mais Pierre qui n'a pas été représenté au procès conserve toute sa liberté d'action et peut introduire une demande en nullité ou en déchéance, fondée sur une cause quelconque, conçue même, dans les termes où Paul a précédemment échoué. S'il est plus heureux et gagne son procès, le brevet valable à l'égard de Paul sera nul à l'égard de Pierre : cette situation qui peut paraître anormale n'est qu'un effet naturel des principes qui régissent l'autorité de la chose jugée.

177. — Nous avons dit que le demandeur débouté une première fois, peut introduire une nouvelle demande fondée sur une autre cause. Supposons, par exemple, que dans le premier procès, il ait invoqué le défaut de nouveauté pour faire tomber le brevet ; il pourra renouveler son attaque en alléguant l'insuffisance de description, et ainsi de suite jusqu'à ce qu'il ait épuisé toutes les causes de nullité ou de déchéance :

rien ne l'oblige à réunir en une même demande tous ses moyens d'action. Sans doute, le breveté souffrira de ces attaques successives ; mais la loi est formelle : il ne peut s'y soustraire. — Il faut bien se garder de confondre la *cause* avec le *motif* : une seconde demande n'est pas recevable pour être fondée sur un autre motif que la première, la cause, d'ailleurs, étant la même : ainsi dans l'instance originaire, la nullité du brevet était poursuivie pour défaut de nouveauté et le demandeur s'appuyait sur une publication déterminée ; après avoir succombé sur ce chef, il ne pourra pas intenter un nouveau procès en se basant sur un autre fait de publicité : car la cause, le défaut de nouveauté, serait la même, le moyen seul serait différent. (Cass., 16 juin 1862.)

178. — Appliquons ces principes aux actions en déchéance. Le demandeur invoque le non paiement d'une annuité et succombe ; si, plus tard, engageant un nouveau procès, il veut prétendre que, cette même annuité n'a pas été acquittée en temps utile, il échouera certainement. Mais sa nouvelle demande, au contraire, sera recevable s'il la fonde sur le non paiement d'une annuité postérieure à l'instance primitive. Car les faits auxquels la loi attache la déchéance constituent autant de causes distinctes et pouvant servir de base à des actions successives.

Il en doit être ainsi, puisqu'à la différence de la nullité qui affecte le brevet dans son origine, la déchéance se produit dans le cours de sa durée et ne l'anéantit que pour l'avenir.

2° Nullité ou déchéance absolue.

179. — Si personne n'attaque le brevet irrégulier, la société intéressée au premier chef à le voir tomber, restera-t-elle sans armes ? Le ministère public sera-t-il privé de toute initiative ? Le législateur a pensé avec raison qu'il serait dangereux de le faire intervenir tant que l'intérêt privé ne réclame pas. Cependant cette intervention lui a paru nécessaire dans trois cas où l'ordre public se trouve plus particulièrement compromis : 1° quand le brevet a été pris pour une composition pharmaceutique ou un plan de finance ; 2° quand l'invention est contraire à l'ordre ou à la sûreté publiques, aux bonnes mœurs ou aux lois du pays ; 3° quand le titre du brevet indique frauduleusement un objet autre que le véritable objet de l'invention.

180. — En dehors de ces trois exceptions, la société ne saurait agir par son représentant légal ; mais qu'un de ses membres lui donne l'éveil en attaquant le brevet, le législateur présume que l'intérêt général est en jeu ; il permet alors au ministère public d'intervenir dans l'instance et de prendre ses réquisitions pour faire tomber le brevet.

181. — Jusqu'ici nous ne trouvons rien qui ne soit conforme au droit commun. Mais après avoir consacré le droit d'intervention du ministère public, l'art. 37 lui donne une portée nouvelle et unique dans notre législation, en décidant que la nullité et la déchéance prononcées dans ces conditions produisent un effet absolu. Le brevet n'est pas seulement annulé au profit du demandeur, mais toute personne, même étrangère au procès, peut se prévaloir du jugement qui en a prononcé la nullité ou la déchéance. Le législateur a voulu par là, prévenir des procès interminables qui auraient pour résultat de gêner l'industrie en la tenant toujours en suspens.

182. — Si au lieu de triompher, le ministère public succombe dans sa demande en nullité de brevet, ce qui est jugé contre lui le sera-t-il également contre tous? Le brevet sera-t-il valable *erga omnes*? Ou bien les particuliers qui n'ont pas été en cause dans l'instance, seront-ils recevables à l'attaquer pour en faire prononcer à leur profit la nullité relative? Nous ne le croyons pas. Le ministère public réprésentant la société dans le procès où la validité du brevet est en jeu, il en résulte une situation qu'il nous semble impossible de scinder: Si chacun peut invoquer contre l'inventeur le jugement qui le condamne; par un juste retour, le breveté doit pouvoir opposer à tout le monde la décision qui lui est favorable. Comment concevoir que le ministère public représente la société quand il gagne son procès, et qu'il ne la représente plus s'il succombe? On objecte que la disposition de l'art. 37 étant exorbitante du droit commun, il faut se garder de l'étendre. Mais si le législateur, on ne saurait le nier, a porté une grave atteinte aux droits de l'inventeur, devons-nous rendre encore sa situation plus précaire? Ne vaut-il pas mieux, mettant la loi en harmonie avec

elle-même, placer les deux parties sur un pied d'égalité que le bon sens et la justice commandent? Lorsque, dans le cas prévu par l'art. 184 du Code civil, le ministère public demande la nullité du mariage et qu'il succombe, désormais le mariage est valable à l'égard de tous. Il nous semble rationnel qu'il en soit de même lorsqu'il s'agit d'un brevet; d'autant plus qu'en cette matière l'intérêt général et l'ordre public sont moins vivement engagés.

183. — Ainsi donc, suivant nous, les particuliers sont liés par la décision qui rejette la nullité absolue. Mais il est bien évident que le ministère public qui a succombé, conserve le droit d'intenter contre le brevet une nouvelle action fondée sur une autre cause; et tous les tiers intéressés seront admis à se prévaloir de la nullité qui pourra être prononcée dans cette seconde instance. C'est là une pure application des principes qui régissent l'autorité de la chose jugée.

184. — Lorsque c'est un particulier qui poursuit la nullité du brevet, la demande peut être intentée à son choix, contre l'un ou l'autre des copropriétaires ou contre tous à la fois; mais le jugement obtenu contre ceux qui sont mis en cause, n'est pas opposable aux autres. Si c'est le ministère public qui agit, soit par voie d'action directe et principale, soit par voie d'intervention, comme sa poursuite tend à faire prononcer la nullité absolue du brevet, l'art. 38 l'oblige à mettre en cause tous les ayants-droit qu'il peut connaître, c'est-à-dire ceux dont les titres sont enregistrés, conformément à l'art. 21. Le cessionnaire qui, par oubli,

n'aurait pas été relié à l'instance, pourrait donc, pour sa part et dans la limite de son intérêt, méconnaître le caractère absolu de la nullité prononcée contre le brevet.

185. — L'intervention du ministère public se fera par voie de requête, conformément à l'art. 339 du Code de proc. civ. Mais nous croyons que les cessionnaires restés en dehors du procès, devront y être appelés par un exploit introductif d'instance.

186. — Le ministère public peut-il intervenir en appel ? Nous ne saurions l'admettre, car ce serait priver le défendeur du premier degré de juridiction.— En première instance, dès que l'intervention est régulièrement formée, le désistement du demandeur viendrait trop tard pour en arrêter les effets : autrement on pourrait craindre une collusion entre les parties s'entendant pour faire échec à l'action du ministère public. La même raison nous fait décider que le ministère public, n'agissant que par voie d'intervention, peut interjeter appel, même alors que le demandeur principal déclarerait s'en tenir à la décision des premiers juges. Dès que l'action publique est mise en mouvement, rien n'en peut plus arrêter le cours ; l'intérêt de la société exige qu'elle arrive à son terme.

187. — Si le ministère public succombe, qu'il ait joué le rôle de parti principal ou de simple intervenant, supportera-t-il les dépens qu'il a faits ? Nous croyons, avec M. Nouguier, qu'il serait injuste de mettre ces frais à la charge du breveté, assez malheureux déjà

d'avoir eu à se défendre contre une attaque mal fondée : le trésor devra donc les acquitter.

188. — Lorsque la déchéance ou la nullité absolue d'un brevet a été prononcée par un jugement ou arrêt ayant acquis force de chose jugée, il en est donné avis au ministre qui la publie dans la forme déterminée par l'art 14, pour la proclamation des brevets.

189. — Nous avons supposé jusqu'alors que la demande en nullité ou en déchéance du brevet se présente directement devant le tribunal civil. Mais il arrive plus souvent qu'elle est opposée à titre d'exception par l'individu poursuivi comme contrefacteur; et nous avons dit que, dans ce cas, le tribunal correctionnel saisi de l'action en contrefaçon, est juge de l'exception invoquée par le prévenu (art. 46).

Faut-il voir là une exception à la compétence des tribunaux civils ? Nous pouvons tenir pour certain que l'article 46 n'a pas cette portée; voici comment il faut l'entendre avec une jurisprudence constante : le tribunal correctionnel, saisi d'une demande en contrefaçon peut bien apprécier la nullité ou la déchéance invoquée comme moyen de défense à la poursuite, et renvoyer le prévenu des fins de la plainte — mais il ne lui appartient pas de prononcer d'une manière directe la nullité ou la déchéance. Si le prévenu est acquitté, l'inventeur n'en conserve pas moins le droit d'invoquer contre lui son titre, et de le poursuivre, au cas où se produiraient des faits nouveaux de contrefaçon. Si au contraire le breveté triomphe, le prévenu condamné pourra néanmoins contester ultérieurement la validité du brevet, sans qu'on puisse lui opposer l'exception de la chose jugée.

190. — Après ce que nous venons de dire, à peine est-il besoin de faire observer que le ministère public ne pourrait pas intervenir dans une instance correctionnelle pour faire prononcer la nullité absolue du brevet. Si les juges de répression ne peuvent statuer directement sur la nullité même relative, à plus forte raison doivent-ils être incompétents pour prononcer à la requête du ministère public une nullité dont les effets sont beaucoup plus étendus.

CHAPITRE VII

ACTIONS RELATIVES A LA PROPRIÉTÉ DES BREVETS

191. — Indépendamment des actions en nullité ou en déchéance, le breveté est exposé à d'autres poursuites, telles, par exemple, que les demandes ayant pour objet de lui contester la propriété de son brevet. — C'est ce qui arrivera si par abus de confiance, vol, corruption d'ouvriers ou autres délits, il a usurpé le droit du véritable inventeur.

Les tribunaux civils seront seuls compétents pour connaître des actions en revendication relatives aux brevets : les termes généraux de l'art. 34 ne permettent pas d'en douter. Si la revendication est reconnue fondée, le tribunal ordonnera que le nom de l'inventeur soit sur l'original et sur les expéditions du brevet, substitué au nom de l'ancien titulaire. C'est ce que, dans la pratique, on appelle une subrogation (tribunal civil, Paris, 27 déc. 1861). Il est bien évident que l'administration ne pourrait pas de sa propre autorité, effectuer cette substitution : elle doit attendre que l'inventeur lui présente la grosse du jugement qui a reconnu son droit.

192. — La subrogation n'est pas soumise aux formes prescrites pour les cessions : car on ne peut pas dire qu'elle soit attributive de propriété. Le nouveau propriétaire du brevet mis au lieu et place de l'usurpateur, recouvre plutôt qu'il n'acquiert son droit ; il est réputé avoir été titulaire du brevet dès l'origine. — Il ne sera donc pas tenu du paiement anticipé des annuités ; mais la prudence lui conseillera de faire enregistrer son titre, pour éviter toute erreur et toute difficulté dans l'avenir.

193. — Si l'inventeur, victime d'une spoliation, s'est fait néanmoins breveter, pourra-t-il, au lieu de la subrogation, demander la nullité du brevet pris frauduleusement avant le sien? On conçoit son intérêt à prendre cette voie, si l'usurpateur, par ignorance ou par calcul, n'a pas fidèlement reproduit la pensée véritable de l'invention.

Mais, tout inefficace qu'elle puisse être, la subrogation est seule admissible : En effet, la loi de 1844 énumère limitativement les causes de nullité ; or, la fraude n'est point prévue dans cette énumération, et il serait arbitraire de vouloir l'y faire entrer.

D'ailleurs, le brevet postérieur en date, est nécessairement nul pour défaut de nouveauté ; si donc l'inventeur faisait prononcer la nullité du premier brevet pris en fraude de ses droits, au lieu de demander la subrogation, il resterait avec un titre dépourvu de toute valeur, et dont les tiers intéressés, l'usurpateur lui-même pourraient poursuivre la nullité.

194. — Disons en terminant que les tribunaux saisis d'une action en revendication, n'ont pas à rechercher si le revendiquant est le véritable inventeur. Est-ce à lui que le breveté a volé la découverte? Telle est la seule question qu'ils doivent examiner. (Rouen, 28 janvier 1847).

195. — En vain aussi le défendeur prétendrait-il que l'invention n'est pas nouvelle ; s'il l'a réellement usurpée, le tribunal fera droit à la demande en revendication. (Bourges, 23 janvier 1841. Paris, 28 mai 1867).

Mais il est bien évident que l'usurpateur ou toute autre personne intéressée pourra, dans un second procès, demander la nullité du brevet.

196. — Nous avons dit que les tribunaux civils étaient seuls compétents pour statuer sur les questions dans lesquelles la propriété du brevet est en jeu. La loi du 23 juin 1857 leur attribue également la connaissance des actions relatives à la propriété des marques de fabrique et de commerce. Le rapporteur de la loi de 1857, M. Busson, pour justifier la compétence de la juridiction civile en matière de marques, invoquait la

disposition analogue de la loi sur les brevets, disposition dont l'expérience avait prouvé la sagesse.

CHAPITRE VIII

§ 1. *De la contrefaçon.*

197. — La loi de 1791 ne définissait pas la contrefaçon des brevets et l'art. 425 du Code pénal ne vise que la contrefaçon artistique et littéraire. La loi de 1844 a comblé cette lacune : aux termes de l'art. 40 : « Toute atteinte portée aux droits du breveté, soit par la fabrication de produits ou par l'emploi de moyens faisant l'objet de son brevet, constitue le délit de contrefaçon. Ce délit sera puni d'une amende de cent à deux mille francs. »

198. — Ainsi, pour qu'il y ait contrefaçon, il faut : 1° Qu'il existe un brevet, valable bien entendu ; 2° qu'une atteinte soit portée aux droits résultant de ce brevet ; 3° que cette atteinte consiste dans la fabrication ou dans l'usage de l'objet de l'invention brevetée.

199. — Le prévenu de contrefaçon fera tomber la poursuite intentée contre lui en prouvant que le brevet qu'on lui oppose est frappé de nullité ou de déchéance. En vain, prétendrait-on qu'avant le procès, il n'avait pas connaissance du vice qui entachait le titre du breveté ; et qu'il a dû par conséquent se croire contrefac-

teur ; la loi ne punit pas la seule intention ; et d'ailleurs, peut-on porter atteinte à un droit destitué de toute valeur juridique ? (Amiens, 29 mars 1865.)

200. — Pour que le breveté puisse agir en contrefaçon, faut-il qu'il ait éprouvé un préjudice réel ? Cette condition ne nous semble pas nécessaire. L'atteinte que la loi punit résulte de l'empiétement sur le domaine d'autrui indépendamment de tout dommage causé. Le contrefacteur est-il moins coupable pour avoir été inhabile et maladroit ? Mais si le produit fabriqué est si imparfait, si grossier qu'il soit difficile d'y reconnaître l'objet de l'invention, il est bien évident que tout élément du délit disparaît.

201. — Est-il besoin de faire remarquer que le contrefacteur n'échapperait pas à la sanction de la loi en se bornant à imiter une partie du brevet, ou bien en y apportant des modifications de détail ? L'inventeur peut faire respecter son droit dans toute son étendue ; et d'autre part l'usurpation de l'idée essentielle de sa découverte suffit pour donner ouverture aux poursuites. Autrement il eût été trop facile de déguiser la contrefaçon sous une simple différence de forme. De nombreux arrêts ont consacré ces principes incontestables ; et les circonstances dans lesquelles ils ont été rendus prouvent bien que le contrefacteur, au lieu de copier brutalement le brevet, joue souvent de ruse et de finesse pour dissimuler son imitation.

Les juges du fait apprécient souverainement la ressemblance qui existe entre le produit ou le moyen contrefait et l'objet breveté lui-même. Leur décision ne tomberait sous la censure de la Cour de cassation qu'autant qu'elle aurait violé la loi du brevet.

202. — Jusqu'ici nous n'avons parlé que de l'élément matériel de la contrefaçon : est-il suffisant pour constituer le délit ? Ou bien, suivant les principes de notre droit pénal, devons-nous exiger l'intention frauduleuse ?

Il semble bien qu'il n'y ait pas de raison pour s'écarter ici du droit commun : la contrefaçon étant un délit, pourquoi ne serait-elle pas soumise aux règles qui régissent tous les délits ? Cependant il est hors de doute que le législateur a entendu déroger expressément en notre matière aux principes fondamentaux du droit pénal : sa volonté résulte des termes de la loi et de la discussion devant les deux chambres. Nous verrons plus tard, en effet, que l'art. 41 établit une différence entre l'auteur principal et le complice de la contrefaçon : celui-ci n'est punissable qu'à la condition d'avoir agi *sciemment* ; tandis que chez le premier, la loi réprime le seul fait matériel. Et cette contradiction n'est pas le résultat d'une erreur législative ; bien au contraire ; elle procède d'une volonté réfléchie et raisonnée. A la Chambre des députés comme à la Chambre des pairs, le langage fut le même : le fabricant, dit-on, c'est-à-dire l'auteur principal, est toujours présumé connaître les brevets dont une expédition est déposée au ministère de l'agriculture et du commerce; par conséquent il est toujours coupable au moins de négligence ou d'imprudence grave, lorsqu'il a fabriqué des objets brevetés. Quant au débitant, c'est-à-dire au complice, on ne pouvait lui imposer la même obligation de recherche; il convient donc de ne le punir que s'il a eu connaissance de la contrefaçon. Sans doute, il est permis de croire que cette distinction n'est guère fondée, mais la pensée du législateur n'est pas douteuse et nous devons la respecter.

203. — Une semblable dérogation aux principes du droit commun est sans exemple dans notre législation; il faudrait se garder de l'étendre par analogie à d'autres matières. Qu'il s'agisse donc de la propriété littéraire, des dessins, des marques de fabrique ou de commerce, l'intention coupable est nécessaire pour constituer le délit de contrefaçon.

204. — Après l'exposé de ces notions générales, il nous faut revenir à l'art. 40 pour étudier en détail les deux faits que la loi considère comme portant atteinte aux droits de l'inventeur : la fabrication et l'usage des objets du brevet.

1° *Délit de fabrication.*

205. — Lorsque l'invention porte sur un produit, la contrefaçon existe par cela seul qu'un produit similaire a été fabriqué. Peu importe d'ailleurs, qu'on l'ait obtenu par les moyens du brevet ou par tout autre. Le droit de l'inventeur portant sur le produit lui-même indépendamment des procédés de fabrication, nul autre que le breveté ou son ayant-cause ne peut créer ce produit sans encourir la sanction de la loi.

206. — Le fabricant n'échapperait pas aux poursuites en alléguant qu'il n'avait aucun but d'exploitation commerciale, et qu'il destinait le produit à son usage personnel : le fait seul d'avoir exécuté l'objet du brevet est punissable. — L'industriel serait-il au moins recevable à prétendre, qu'en construisant la machine brevetée, il n'avait d'autre pensée que de faire un essai, de chercher des perfectionnements, ou bien de se mettre en mesure pour le moment de l'expiration du brevet ? Les tribunaux apprécieront souverainement la valeur de ces excuses.

207. — La fabrication séparée de chacune des pièces composant une machine brevetée constitue le délit de contrefaçon, alors même que tous ces organes pris isolément seraient dans le domaine public. Toutefois, si le fabricant prouvait qu'il n'avait pas pour but de construire la machine, il devrait être relaxé des poursuites : la saisie des pièces dans son atelier établit seulement contre lui une présomption qu'il pourra combattre par toutes sortes de moyens. (Cass., 26 juillet 1861. — Rennes, 4 déc. 1861).

Il est bien évident que si tous les organes de la machine étaient garantis par ce brevet, la fabrication d'un seul d'entre eux serait punissable, surtout si cet organe constituait l'élément principal de l'invention (Orléans, 24 avril 1855).

208. — L'acheteur d'un appareil breveté a-t-il le droit d'y faire des réparations, de fabriquer dans ce but des pièces de rechange ? On ne saurait en douter si la pièce qu'il renouvelle appartient au domaine public. Mais la question devient plus délicate au cas où cet organe est protégé par le brevet. Interdire à l'industriel de réparer lui-même sa machine en mauvais état, c'est lui imposer une gêne souvent considérable; d'autre part, lui permettre de fabriquer des pièces de rechange, n'est-ce pas porter une atteinte aux droits de l'inventeur ? Aussi la jurisprudence, est-elle hésitante sur cette question : (Paris, 11 juillet 1861. Trib. corr. Seine, 16 juillet 1863. Orléans 26 août 1845, Trib. Corr. Lyon 14 mai 1860).

Il nous semble qu'il serait possible de concilier, dans une certaine mesure, les intérêts de l'acheteur et les droits du breveté. S'il s'agit d'une simple réparation d'entretien, laissant subsister l'appareil primitif; si d'ailleurs la pièce renouvelée est de peu d'importance, il est difficile de voir là une véritable contrefaçon. Que si au contraire, l'organe remplacé constitue un élément essentiel de l'invention; si l'acheteur, sous prétexte de réparer sa machine la transforme et la remet à neuf, nul doute que le breveté puisse le poursuivre et les tribunaux le condamner.

209. — Nous avons vu que la loi punit le seul fait matériel de fabrication : il convient d'apporter une réserve à ce principe trop absolu. Supposons par exemple, que le produit soit fabriqué par un ouvrier, un contre-maître obéissant aux ordres d'un patron. Qui sera le contrefacteur, du maître ou de son préposé ? Celui-ci n'a été qu'un instrument passif, irresponsable par conséquent: pouvait-il discuter les ordres qu'on lui donnait ? peuvait-il supposer que son patron

l'employait à un travail délictueux? Le véritable fabricant, c'est le maître : lui seul est donc punissable. (Cass. 30 mars 1853. Paris, 12 juillet 1856).

210. — Faut-il aller plus loin et déclarer passibles des peines de la contrefaçon celui qui commande l'objet breveté à une personne parfaitement indépendante et jouissant de sa liberté d'action? Nous reviendrons plus tard sur cette question en recherchant si la loi de 1844, n'a pas dérogé aux principes du droit pénal en matière de complicité. Il nous semble impossible, en effet, de voir dans celui qui commande le produit breveté un auteur principal du délit; quant à celui qui l'exécute, il est contrefacteur au premier chef et doit être puni comme tel.

2° Délit d'usage.

211. — Après avoir défendu la fabrication du produit breveté, l'art. 40 interdit l'emploi du *moyen* qui fait l'objet de l'invention. Quelle est au juste la pensée du législateur? Par le mot « moyen » a-t-il entendu désigner seulement les procédés ou méthodes dont l'imitation constitue un délit? Ou bien, donnant à l'expression une portée plus large, a-t-il voulu parler de l'objet du brevet en général, quel qu'il fût? De sorte que la loi punirait au même titre la fabrication et l'*emploi des produits* contrefaits.

N'oublions pas que nous sommes en présence d'une

disposition pénale, qui demande l'interprétation la plus stricte et la plus conforme à sa lettre même. Or, nous le demandons, est-il possible de déclarer que les deux mots *produits* et *moyens* sont synonymes, quand le législateur ne les emploie jamais sans les opposer l'un à l'autre? Il suffit de jeter les yeux sur l'art. 40° pour se convaincre qu'il n'est applicable qu'au seul fabricant; en effet, *créer les produits, employer les moyens brevetés*, c'est bien faire œuvre d'industriel, et pour s'armer de ces expressions contre le simple détenteur, il faut en dénaturer singulièrement la signification.

On nous oppose le grave préjudice que peut causer à l'inventeur l'usage des produits contrefaits? Nous sommes loin de le méconnaître; mais le danger n'est pas aussi grand qu'on veut bien le dire, et nous ne désarmons pas entièrement le breveté. D'abord, il arrivera souvent que le produit se confondra avec le moyen, de telle sorte qu'il sera impossible de faire usage du premier, sans employer le second : supposons, par exemple, qu'un industriel invente une machine destinée à la fabrication de la tuile; selon le rapport sous lequel on l'envisage, cette machine est à la fois un objet matériel, un produit, et un procédé, un moyen de production. Ce dernier caractère sera même prédominant, si nous supposons que l'inventeur soit, non pas un constructeur mécanicien, mais un fabricant de tuiles. Il sera dès lors certainement fondé à dire au détenteur de sa machine : vous employez le moyen qui fait l'objet de mon droit exclusif; vous êtes par conséquent, auteur principal du délit de contrefaçon, et je vous poursuis en invoquant l'art. 40. Cet exemple, dont M. Pouillet tire argument contre notre système, le confirme au lieu de l'ébranler.

Si le produit est de telle nature, qu'il soit impossible de le considérer comme un moyen, nous croyons que son emploi ne constitue pas le délit principal de contrefaçon. Est-ce à dire que le breveté devra toujours le subir sans se plaindre? Non, assurément; car nous verrons plus tard, que la loi punit le recel des objets brevetés; mais le recéleur n'est qu'un complice et peut se prévaloir de sa bonne foi. L'acheteur qui fait usage d'un produit de cette nature, n'est donc punissable qu'autant qu'il a agi sciemment (art. 41).

212. — La jurisprudence admet, au contraire, que l'emploi du produit breveté, tombe sous l'application directe de l'art. 40; mais reculant devant les résultats singuliers auxquels aboutit un pareil système, elle est amenée à faire une distinction qui n'est écrite nulle part dans la loi : l'usage de l'objet breveté est-il commercial? il constitue le délit de contrefaçon; est-il purement personnel? il n'est pas punissable au moins si son auteur est de bonne foi. (Cass., 12 juillet 1831. Aix, 16 janvier 1873. Cass. 22 nov. 1872. Trib. corr. Seine, 2 juin 1874).

213. — L'application de la doctrine adoptée par la jurisprudence donne lieu à de sérieuses difficultés. Il n'est pas, en effet, toujours facile, de saisir le caractère distinctif qui sépare l'usage commercial de l'usage personnel. Ainsi quelle est la nature de l'emploi qu'un

ouvrier, travaillant pour son compte, fait d'un outil ou d'une machine brevetés ? MM. Renouard et Bedarridès, non sans hésitation toutefois, décident qu'il faut voir là un usage personnel échappant à la sanction de la loi. — Pour nous, il est impossible de répondre à la question d'une manière absolue : si l'outil, ce qui arrivera le plus souvent, est breveté en tant que produit, l'ouvrier qui l'emploie ne pourra être considéré que comme recéleur. — Si au contraire, dans la pensée de l'inventeur, l'outil constitue un moyen, pour arriver à l'obtention d'un résultat industriel, son emploi tombe directement sous l'application de l'article 40.

214. — La question s'est encore posée de savoir si l'usage par un cultivateur, pour les besoins de sa récolte, d'un instrument agricole breveté, doit être considéré comme personnel ou commercial. — La Cour de cassation a décidé que cet usage, purement personnel, ne constituait pas le délit de contrefaçon. (28 juin 1844-12 juillet 1851). Le dernier arrêt est fondé sur ce motif que le cultivateur même quand il vend les produits de sa récolte, ne fait pas une opération commerciale. Si, comme nous le pensons, ce motif est incontestable, il prouve bien le vice du système consacré par la jurisprudence. En effet, lors de la discussion de la loi au Corps législatif, l'espèce sur laquelle a statué la Cour de cassation, a été formellement prévue. Interpellé sur la solution qu'il fallait lui donner, le rapporteur Philippe Dupin répondit : que le fait de se servir d'une herse brevetée, pour labourer **un champ constituait le délit de contrefaçon.**

215. — Notre système, on le voit, présente l'avantage de mieux respecter la pensée du législateur, et la lettre même de la loi. Quand pourra-t-on dire que le produit constitue en même temps un moyen ? Il faudra considérer la nature et surtout la destination de ce produit, les termes du brevet, la qualité même de l'inventeur : les éléments d'appréciation ne manqueront pas aux tribunaux. — S'il est impossible de poser à l'avance une règle générale et absolue, les circonstances de la cause y suppléeront toujours.

216. — Lorsque le brevet porte sur un résultat obtenu par un moyen déterminé, le fait de produire le même résultat à l'aide d'un moyen différent, ne constitue pas le délit de contrefaçon. C'est une conséquence de ce principe bien connu que le résultat n'est pas brevetable en lui-même, indépendamment des moyens employés pour l'obtenir. (Lyon, 8 février 1868).

217. — Nous croyons également que si le brevet a été pris pour un moyen nouveau destiné à l'obtention d'un résultat ou d'un produit spécifiés par l'inventeur, il n'y a pas contrefaçon à se servir du même moyen dans un but différent : le breveté en effet, ne peut pas invoquer un droit exclusif sur les applications de son procédé qu'il n'a point prévues ; il doit se renfermer strictement dans les limites de la loi qu'il s'est faite à lui-même.

218. — Ajoutons enfin que la contrefaçon ne résulterait pas du fait que, postérieurement à un brevet déjà obtenu, un second brevet a été pris pour un objet identique. La loi ne punit que la fabrication du produit ou

l'emploi du moyen breveté; toute poursuite est suspendue jusqu'à l'accomplissement du fait matériel. Mais le titulaire du premier brevet aura, bien entendu le droit d'attaquer le second qui, postérieur en date, se trouve, par cela même, entaché du vice de publicité.

§ 2. *De la complicité en matière de contrefaçon.*

219. — Pour assurer à l'inventeur une protection complète et efficace, la loi ne devait pas seulement l'armer contre la contrefaçon, elle devait lui permettre encore d'atteindre les faits postérieurs qui portent le plus grave préjudice à ses droits. Tel est le but de l'article 41 : « Ceux qui auront *sciemment* recélé, vendu ou exposé en vente, ou introduit sur le territoire français un ou plusieurs objets contrefaits seront punis des mêmes peines que les contrefacteurs. »

Cette disposition, qui semble bien claire et bien précise, a cependant soulevé de vives controverses. Nous repoussons tout d'abord l'opinion d'après laquelle les faits prévus par l'art. 41 seraient autant de délits particuliers et distincts. M. Blanc, qui soutient cette thèse, nous paraît en complète contradiction avec les termes de la loi : dire, en effet, que les recéleurs, débitants, etc., seront punis des mêmes peines que les contrefacteurs, n'est-ce pas montrer clairement qu'on ne les regarde pas comme des contrefacteurs proprement dits? A quel titre, dès lors, peuvent-ils être poursuivis, sinon comme complices?

220. — Mais une autre difficulté s'élève : l'art. 41, dans son énumération, ne comprend pas tous les faits qui, aux termes de l'art. 60 du Code pénal constituent la complicité. Faut-il le compléter par l'application des principes du droit commun, ou bien doit-on considérer son énumération comme limitative et se renfermer strictement dans ses termes? C'est à cette seconde opinion que nous nous rangeons, avec une jurisprudence presque unanime. M. Renouard objecte que : « si le législateur avait entendu introduire une exception, il ne se serait pas dispensé de le dire; que les dérogations aux principes ne se présument pas. » Cet argument tombe de lui-même devant un examen attentif du système de la loi. La législation sur les brevets est toute spéciale, et nous avons déjà signalé, en l'étudiant, plus d'une dérogation au droit commun. Ainsi, le droit accordé au ministère public de poursuivre la nullité absolue des brevets constitue un grave abandon des principes qui régissent l'autorité de la chose jugée. Personne ne pourrait le contester; cependant, le législateur n'a pas déclaré d'une façon formelle qu'il entendait déroger à l'art. 1351 du Code civil. Les termes qu'il emploie suffisent pour ne laisser aucun doute sur son intention. Sa pensée n'est-elle pas tout aussi manifeste dans l'art. 41?

Lorsqu'après avoir défini la contrefaçon, il énumère les faits qui doivent être punis comme le délit lui-même, à raison de leur caractère de complicité ; ne montre-t-il pas sa volonté expresse de restreindre l'application de l'art. 60 du Code pénal?

Nos adversaires invoquent encore contre nous d'autres dispositions du Code de 1810 : l'art. 425, nous nous le rappelons, punit la contrefaçon littéraire et artistique ; et l'article suivant prononce la même peine contre les débitants et introducteurs en France d'ouvrages contrefaits. Or, il n'est pas douteux, dit M. Bozérian, que les art. 59 et 60 demeurent en même temps applicables. Ce qui est vrai pour le Code pénal doit l'être aussi pour la loi de 1844. Nous répondrons d'abord que l'analogie n'est pas aussi évidente qu'on veut bien le dire : S'il est naturel, en effet, de compléter une disposition législative par les articles de la même loi qui la précèdent et la dominent, il est permis de croire que le législateur de 1844 en votant les art. 40 et 41, a entendu établir un système de répression complet et se suffisant à lui-même. — D'ailleurs, à un autre point de vue, la situation diffère essentiellement : il résulte des termes de l'art. 426 du Code pénal que le débit et l'introduction en France des ouvrages contrefaits constituent des délits distincts ; tandis que, nous espérons l'avoir démontré, le législateur de 1844 a donné à ces mêmes faits le caractère de complicité.

221. — Dans notre système, il n'y aura pas lieu de condamner celui qui, même sciemment se fait l'intermédiaire d'un contrefacteur, alors qu'il n'est relevé contre lui aucun des faits prévus par l'art. 41. (Cass., 26 juillet 1850) ni celui qui, aurait procuré à un fabricant les moyens de se livrer à la contrefaçon, par exemple, en lui vendant la matière première, tout en connaissant l'usage délictueux qui devait en être fait.

(Trib. corr. Seine, 16 mai 1866.) Ainsi encore nous considérons comme n'étant point punissable, celui qui commande l'objet contrefait et le fait exécuter, à moins qu'il ne s'agisse d'un patron donnant des ordres à ses ouvriers. Nous avons vu que dans ce cas, le maître est le véritable fabricant, et que lui seul est passible des peines de la contrefaçon.

222. — L'art. 41 ne punit le recéleur, le débitant, l'introducteur en France d'objets contrefaits que s'ils ont agi sciemment. Est-ce au breveté à établir la mauvaise foi de celui qu'il poursuit? ou bien est-ce au poursuivi à justifier de sa bonne foi? Cette dernière opinion nous semble inadmissible, bien qu'elle soit défendue par la majorité des interprètes. La bonne foi se présume toujours ; et nous ne voyons rien, dans la matière des brevets, qui nous autorise à déroger à ce principe d'ordre public.

223. — Le complice sera bien certainement condamné s'il est convaincu d'avoir connu l'origine frauduleuse des objets recélés, vendus ou introduits en France. Mais sa mauvaise foi pourra-t-elle résulter de la preuve établie qu'il n'ignorait pas l'existence du brevet? Nous ne le croyons pas, en présence de la déclaration formelle de l'exposé des motifs : « Il existe un dépôt général où le *fabricant* peut et doit rechercher ou faire rechercher les inventions brevetées. Il est donc toujours coupable au moins de négligence ou d'imprudence grave, lorsqu'il a fabriqué des objets brevetés au profit d'un autre ; mais on ne pouvait sans une gêne excessive imposer au commerce la même

obligation de recherche. Il convient donc de ne punir le vendeur et l'introducteur d'objets contrefaits que lorsqu'ils auront eu connaissance de la contrefaçon. » La pensée du législateur n'est donc pas douteuse ; et cependant la jurisprudence l'a souvent méconnue en décidant que l'ignorance du brevet ne constituait pas la bonne foi du complice. (Cass., 13 août 1852.)

224. — Pour achever l'étude de l'article 41, il nous reste à dire quelques mots sur chacun des faits de complicité qu'il prévoit.

225. — 1° *Recel.* — « Les seules conditions constitutives du recel, dit M. Blanc, sont la détention matérielle et la connaissance que l'objet détenu provient d'un délit. »

Il n'est pas nécessaire que cette détention soit clandestine ou cachée ; ni que le recéleur soit propriétaire de l'objet contrefait saisi entre ses mains (Cass. 12 mars 1853).

Rappelons que l'article 41 permet de poursuivre l'usage commercial ou personnel du produit breveté : mais il faut pour cela que le détenteur soit de mauvaise foi.

226. — 2° *Vente ou exposition en vente.* Il résulte de l'exposé des motifs qu'un *fait isolé* de vente est punissable. C'est même pour ne laisser aucun doute à cet égard que la loi de 1844 a substitué le mot *vente* au mot *débit* qui se trouve dans l'art. 426 du Code pénal. — Peu importe la qualité du vendeur : que ce soit un commerçant ou un simple particulier, il tombe sous la sanction de la loi. — Il a été jugé cependant, et avec

raison, que le créancier porteur d'un titre authentique et exécutoire, avait le droit de faire saisir et vendre un objet breveté, sans que la vente de cet objet faite par autorité de justice puisse être considérée comme une contrefaçon (trib. corr. Seine 19 mars 1861). — L'article 592 du Code de proc. civ. énumérant les objets insaisissables ne parle pas des objets brevetés : il faut donc, en l'absence d'un texte formel qui vienne le restreindre, permettre au créancier l'exercice absolu de son droit. — Nous en dirions de même du propriétaire qui, en vertu de son privilége, ou bien de l'ouvrier qui, en vertu de son droit de rétention, poursuivraient la vente en justice des objets brevetés (Cass. 10 février 1854).

227. — Faudrait-il assimiler la donation à la vente ? Il nous semble que les termes restrictifs d'une disposition toute pénale ne permettent pas cette extension. Le législateur n'a voulu punir que l'aliénation à titre onéreux. S'il s'agissait de l'échange, le doute serait permis ; mais le fait sera si rare qu'il nous paraît inutile de résoudre une question sans intérêt pratique.

228. — Il est bien évident que l'acheteur n'est point punissable : toutefois, remarquons-le, s'il connaît l'origine délictueuse de l'objet breveté, il encourt, à titre de recéleur, la peine de la contrefaçon.

229. — L'exposition en vente est punie comme la vente elle-même. Mais il faut pour cela que les objets contrefaits soient publiquement mis sous les yeux des acheteurs, dans des magasins ou dans des locaux ouverts au public. S'ils étaient soustraits aux yeux des

chalands, il pourrait y avoir recel, mais non exposition en vente.

L'exhibition dans une exposition industrielle ne serait pas punissable s'il résultait des circonstances que l'exposant n'entendait nullement mettre ses produits en vente (trib. corr. Seine, 9 janvier 1868).

230. — *Introduction en France.* — Nous avons vu que la loi interdit à l'inventeur, sous peine de déchéance, d'introduire sur notre territoire des objets similaires à ceux de son brevet et fabriqués à l'étranger. Cette prohibition devait *a fortiori*, atteindre les tiers qui, par l'importation en France de produits fabriqués au-delà de nos frontières, portent une double atteinte à l'industrie nationale et aux droits de l'inventeur.

231. — Les objets qui ne font que traverser la France *en transit*, doivent-ils être considérés comme réellement introduits sur le territoire? Nous ne le pensons pas. Les marchandises qui voyagent en transit, sont assimilées à celles qui voyagent en dehors des frontières. Sans doute cette fiction légale n'a été expressément imaginée que pour la législation des douanes, mais il nous semble raisonnable de la transporter dans notre matière. En effet, l'introduction en transit ne cause pas au breveté le préjudice que l'article 41 a voulu prévenir: le fabricant belge, par exemple, a bien le droit d'expédier en Espagne les produits brevetés chez nous; car le privilége du breveté français, purement territorial, expire à la frontière. Si, au lieu de prendre la voie de mer, l'industriel belge, em-

prunte nos lignes ferrées pour le transport de ses marchandises, à quel titre le breveté se plaindrait-il? Quant à notre industrie nationale, elle bénéficie du passage, sur le sol français, des produits étrangers. Pourquoi la priver de cette source de richesse ? Malgré ces considérations pressantes, un arrêt récent de la Cour de Rouen (12 février 1874), a décidé que l'introduction en transit d'objets contrefaits à l'étranger, devait être punie des peines de la contrefaçon. M. Lyon-Caen s'élève contre cette doctrine et la combat par les arguments que nous avons produits plus haut. Il ajoute que le breveté n'encourrait certainement pas la déchéance s'il introduisait en transit des objets similaires à ceux de son brevet, fabriqués à l'étranger. Pourquoi punirait-on ce même fait lorsqu'il est accompli par un tiers? Notre industrie n'en souffre pas davantage, et l'inventeur ne peut pas se dire sérieusement lésé. — Toutefois s'il en est autrement, si l'introducteur en transit a causé un dommage au breveté : en facilitant les erreurs sur la provenance des marchandises; nous estimons, avec M. Lyon-Caen, que ce breveté pourra, invoquant les art. 1382 et 1383 du Code civil, faire condamner l'introducteur en transit à des dommages-intérêts.

232. — La même question s'élève pour la propriété littéraire et les marques et noms de fabriques. Nous croyons que l'introduction en transit des ouvrages français contrefaits à l'étranger, ne serait point punissable. Mais remarquons que de nombreux traités internatio-

naux protègent l'auteur français contre les contrefaçons qui peuvent se produire à l'étranger.

Quant aux marques et noms de fabrique, la loi du 23 juin 1857 les protége d'une façon toute spéciale : l'art. 19, prohibe à l'entrée en France et exclut du transit ou de l'entrepôt tous les produits étrangers portant, soit la marque, soit le nom d'un fabricant résidant en France, soit l'indication du nom ou du lieu d'une fabrique française. (Sirey, II° partie, page 281).

233. — *Complicité du contrefacteur et des ouvriers du breveté*. — L'article 43 qui prévoit ce dernier cas de complicité, comprend deux hypothèses : 1° L'auteur de la contrefaçon est un ouvrier ou un employé travaillant dans les ateliers ou dans l'établissement du breveté ; 2° Le contrefacteur a eu connaissance par cet ouvrier ou cet employé, des procédés décrits au brevet. La loi voyant dans chacun de ces deux faits une circonstance aggravante du délit, prononce contre son auteur un emprisonnement d'un mois à six mois. En outre, dans la seconde espèce, l'ouvrier révélateur est considéré comme complice et puni de la même peine que l'auteur principal de la contrefaçon.

234. — Mais une difficulté s'élève : dès que le brevet a été délivré, les procédés qui y sont décrits sont devenus publics ; comment dès lors la divulgation qui en est faite par l'ouvrier peut-elle constituer un délit ? La plupart des auteurs estiment en conséquence que pour être punissable, la révélation doit avoir précédé la demande en délivrance du brevet. M. Pouillet combat cette interprétation en faisant observer que les

termes de l'art. 43 sont généraux et absolus : pour lui, la loi a voulu punir l'ouvrier qui, après l'obtention du brevet, révèle certains secrets, certains tours de main qui ajoutent à la valeur du procédé et dont la connaissance rend sa concurrence plus redoutable.

Il nous semble qu'on peut invoquer à l'appui de cette opinion un argument décisif : l'art. 43 se trouve sous la rubrique. *De la contrefaçon.* Or, ce délit peut-il exister avant la délivrance du brevet ? Jusqu'à ce jour, l'ouvrier qui révèle les secrets de son patron commet un abus de confiance, mais il n'est pas possible de le considérer comme un contrefacteur. Le maître n'ayant pas encore pris de brevet, comment prétendrait-il que son ouvrier a révélé les *procédés décrits au brevet?* Ce sont les termes mêmes de la loi. Ainsi donc, suivant nous, non-seulement l'art. 43, punit la révélation postérieure à la délivrance du brevet, mais encore, il ne punit que celle-là. La divulgation qui précède le brevet constitue un abus de confiance tombant sous la sanction du Code pénal.

§ 3. *Constatation de la contrefaçon.*

235. — Le breveté qui se prétend victime d'une contrefaçon doit être en mesure de la prouver. Pour lui en faciliter les moyens, la loi met à sa disposition deux modes spéciaux de constatation judiciaire du délit : la **description et la saisie.**

236. — La description a pour effet unique de constater le délit, tout en laissant l'objet incriminé à la disposition du prétendu contrefacteur. La saisie au contraire met l'objet sous la main de la justice : c'est une véritable confiscation provisoire. Cette dernière mesure autorisée par la loi du 7 janvier 1791 avait été supprimée par la loi du 25 mai suivant. Le législateur de 1844, l'a rétablie dans l'art. 45.

237. — La description et la saisie sont pratiquées par ministère d'huissier, en vertu d'une ordonnance rendue sur requête par le président du tribunal civil de première instance. Malgré les termes de l'art. 45, qui semblent accorder au breveté le droit de choisir entre ces deux mesures, celle qui lui convient le mieux, nous croyons que le choix appartient plutôt au magistrat. La saisie présente un caractère trop grave pour qu'on puisse permettre à l'inventeur de la pratiquer suivant son caprice, de s'en servir peut-être dans un but déguisé de concurrence déloyale.

238. — Le président du tribunal autorisant la saisie peut exiger du requérant qu'il dépose un cautionnement, dont la consignation doit précéder la saisie. Si le requérant est un étranger, le cautionnement est obligatoire ; à moins que cet étranger ne soit admis en France à la jouissance de nos droits civils.

239. — Si la description présente des difficultés, le président pourra nommer un expert qui secondera l'huissier dans cette opération. Observons qu'il ne s'agit pas ici d'une véritable expertise, mais d'un simple constat sur lequel le requérant ne pourrait pas s'appuyer pour demander la condamnation du prétendu contrefacteur.

240. — Enfin l'huissier laisse copie au détenteur des objets décrits ou saisis tant d'ordonnance que de l'acte constatant le dépôt de cautionnement. Toutes ces formalités sont prescrites à peine de nullité et de dommages-intérêts contre l'huissier.

241. — L'art. 47 détermine à certains égards l'étendue des pouvoirs conférés au président, mais il laisse le doute subsister sur des questions importantes qu'il nous faut étudier.

On s'est demandé d'abord si le Président pouvait rendre une ordonnance générale ne contenant aucune désignation des personnes chez lesquelles la description ou les saisies sont autorisées. La Cour de cassation lui a reconnu ce pouvoir dans un arrêt du 15 juin 1866 ; et cette décision nous semble bien fondée : en effet, le breveté ne peut connaître à l'avance les noms de tous ceux qui, auteurs principaux ou complices portent atteinte à son droit : quelles lenteurs préjudiciables ne lui imposerait-on pas en l'astreignant à demander une ordonnance chaque fois qu'il découvre un fait nouveau de contrefaçon? D'ailleurs, le texte de l'art. 47 est conforme à notre opinion : la loi exige bien que le breveté qui requiert la saisie spécifie la nature des prétendus objets contrefaits : mais elle ne demande pas le nom du contrefacteur. La saisie, en effet, dit M. Bozérian, frappe non les personnes mais les choses,

On objecte qu'il est impossible au président de savoir si le cautionnement est utile et d'en fixer le chiffre, sans connaître le nombre et la qualité des contrefacteurs. Répondons que le magistrat accordant au breveté une ordonnance générale, lui demandera des garanties d'autant plus fortes ; et, s'il ne peut les fournir, refusera d'autoriser la saisie ou tout au moins en limitera l'étendue.

242. — Une autre question se rattache à celle que nous venons de résoudre : l'ordonnance, une fois rendue, est-elle valable sans limite de temps ? Le breveté pourrait-il l'invoquer dix ans après l'avoir obtenue, pour pratiquer une nouvelle saisie ? Nous ne le croyons pas, car ce serait revenir au système de la loi du 7 janvier 1791 qui autorisait la saisie en vertu du seul brevet. Lorsque les faits qui ont provoqué l'ordonnance auront été punis ou interrompus pendant un certain temps, s'ils viennent à se reproduire, le breveté devra s'adresser de nouveau à la justice pour exercer de nouvelles poursuites. Il y aura là d'ailleurs une question de fait que les tribunaux apprécieront. (Paris, 21 décembre 1871.)

243. — Le président pourrait, sans aucun doute, autoriser la saisie des machines, instruments, ou ustensiles destinés à la fabrication de l'objet argué de contrefaçon : l'art. 49, en effet, déclare qu'ils seront confisqués au profit de l'inventeur qui triomphe dans ses poursuites.

244. — L'ordonnance pourrait-elle aller plus loin et autoriser la saisie des papiers et correspondances propres à établir la contrefaçon ? La Cour suprême, dans

l'arrêt cité plus haut (15 juin 1866) lui a reconnu ce droit qui nous semble exorbitant. La loi ne parle que des objets contrefaits : est-il possible de comprendre dans cette expression les livres et correspondances? Sans doute ces écritures peuvent contenir la preuve du délit ; mais le breveté aura le droit d'en demander la production dans l'instance ; et si le prévenu s'y refuse, la présomption de sa culpabilité n'en deviendra que plus forte.

245. — Nous avons vu dans quelles limites il convient de renfermer le droit de saisie par rapport aux personnes, au temps et aux choses. Demandons-nous maintenant quelles voies de recours sont ouvertes contre l'ordonnance qui autorise la description ou la saisie. Il est d'abord incontestable que cette ordonnance appartient à la juridiction gracieuse ; nous en concluons qu'elle n'est pas susceptible d'appel, et cela quand bien même le magistrat n'aurait statué qu'après avoir entendu les explications contradictoires des parties : cette circonstance ne modifie en rien le caractère de sa décision. (Cass., 13 août 1862.)

246. — Généralement l'ordonnance réserve au saisi le droit de se pourvoir devant le magistrat qui l'a rendue par la voie de référé. Si elle est muette à cet égard, nous croyons que cette voie de recours est néanmoins ouverte, et que le saisi peut demander soit un dépôt de cautionnement, soit une augmentation de celui qui existe déjà ; soit toute autre modification que le président sera libre de rejeter ou d'admettre suivant les circonstances. L'ordonnance ainsi rendue sur le référé provoqué par le saisi appartient à la juridiction contentieuse : elle est donc susceptible d'appel conformément au droit commun. (Art 809 du Code de proc. civ.). (Cass., 16 mai 1860). Toutefois, certains interprètes pensent que cette nouvelle ordonnance, émanant du pouvoir discrétionnaire du président, constitue, comme la première, un acte de juridiction gracieuse, et par suite n'est pas susceptible d'appel. Mais nous n'apercevons pas la raison de déroger ici aux principes du Code de procédure civile.

247. — La matière qui nous occupe présente de l'analogie avec celle de la saisie-arrêt. Les mêmes difficultés s'élèvent au sujet de l'une et de l'autre et pour les trancher, on invoque souvent des arguments de même nature. L'ordonnance du président peut-elle être l'objet d'un recours par la voie de référé ? La nouvelle ordonnance rendue sur référé est-elle susceptible d'appel ? Toutes ces questions se posent pour la saisie-arrêt, aussi bien que pour la saisie pratiquée contre le contrefacteur. Mais hâtons-nous de dire que la ressemblance entre les deux situations est loin d'être complète : la saisie-arrêt est une mesure conservatoire dont les effets préjudiciables sont naturellement fort restreints ; tandis que la saisie autorisée par la loi de 1844 constitue une confiscation anticipée. Aussi cette dernière ne peut-elle jamais être pratiquée sans une ordonnance du président, au lieu que le créancier muni d'un titre, peut exercer la première sans s'adresser à la justice (art. 557 Code de proc. civ.). — Si les questions que nous avons étudiées plus haut sont vive-

ment controversées lorsqu'il s'agit de la saisie-arrêt ; il y a donc un motif de plus en notre matière pour les résoudre comme nous l'avons fait : plus puissante est l'arme mise aux mains du breveté, plus il faut accorder de protection au saisi en lui permettant de se défendre contre une mesure de rigueur qui porte une si grave atteinte à ses intérêts.

248. — La description et la saisie ne sont que le préliminaire de la poursuite en contrefaçon : elles doivent, sous peine de nullité être suivies dans la huitaine d'une demande en justice. Pour continuer la comparaison que nous faisions tout-à-l'heure, observons que le créancier saisissant est tenu, dans le même délai de huitaine, d'assigner le débiteur saisi en validité de saisie-arrêt. (Art. 563, Code de Pr. civ.). Le délai s'augmente d'un jour par trois myriamètres de distance entre le lieu où se trouvent les objets saisis et le domicile du contrefacteur.

249. — Si la saisie est frappée de nullité, l'inventeur conserve bien entendu le droit d'introduire son action devant les tribunaux : il a perdu un moyen de preuve, voilà tout. Le prévenu ne serait renvoyé des fins de la plainte qu'autant que le procès-verbal de saisie aurait constitué le seul document propre à établir la contrefaçon.

250. — Lorsque la saisie est nulle, faute par le breveté d'avoir lancé son assignation dans la huitaine, ou bien à raison d'un vice de forme, le saisi peut en demander la main-levée ; mais elle produit néanmoins tous ses effets jusqu'au moment où la juridiction com-

pétente en a prononcé la nullité. La demande en main-levée doit être portée devant le tribunal civil du domicile du saisissant, ou bien devant le tribunal du lieu de la saisie, par assignation donnée au domicile élu (Paris, 10 déc. 1866).

251. — La saisie pratiquée pour constater la contrefaçon n'est pas spéciale à la matière des brevets : l'art. 3, de la loi du 19 juillet 1793 accorde aux auteurs le droit de faire saisir les ouvrages contrefaits par les commissaires de police ou les juges de paix, sans aucune autorisation préalable. Observons que même sous l'empire de la loi de 1844, le breveté pourrait dénoncer au parquet le délit de contrefaçon dont il se prétend victime, et faire procéder à la saisie par les officiers de police judiciaire. Mais cette procédure est absolument inusitée.

252. — La loi de 1857 sur les marques de fabrique et de commerce (art. 17 et 18) organise un système de saisie, analogue à celui de la loi sur les brevets. Notons seulement que l'ordonnance peut être rendue par le juge de paix à défaut de tribunal dans le lieu où se trouvent les objets à décrire ou à saisir; et que le requérant a quinze jours à compter de la saisie, pour introduire son action devant les tribunaux.

§ 4. *Droit de poursuite.*

253. — Qui peut poursuivre la contrefaçon? Le titulaire du brevet, ou ses ayants-cause, mais non le simple licencié, d'après les principes que nous avons exposés en leur lieu.

524. — Il faudra, bien entendu, que le poursuivant ait la capacité nécessaire pour ester en justice. Ainsi la femme mariée, le mineur et l'interdit ne pourront agir qu'avec l'assistance de leur mari ou tuteur, conformément aux règles du Code civil.

Le failli est dessaisi de toute action mobilière ou immobilière par l'effet du jugement déclaratif de faillite (art. 443, Code de com.). Cependant un arrêt de la Cour de cassation (21 fév. 1859) lui reconnaît implicitement le droit de poursuivre les contrefacteurs sans le concours du syndic. Cette jurisprudence nous semble contestable. Pourquoi déroger ici aux principes du droit commercial? On objecte que l'action en contrefaçon est toute personnelle, qu'elle tend à réprimer une atteinte portée à la considération de l'inventeur. Il nous semble, qu'elle a plutôt son fondement dans un intérêt matériel : d'autant plus que le failli ne sera peut-être qu'un cessionnaire dont l'honneur n'est nullement en jeu. Si l'action qui nous occupe était attachée à la personne, les créanciers du breveté ne pourraient pas l'exercer en vertu de l'art. 1166 du Code civil : or, nous croyons que ce droit ne saurait leur être sérieusement contesté.

La contrefaçon est un délit : le ministère public peut donc en poursuivre la répression; mais il doit attendre pour cela que la partie lésée ait porté plainte elle-même. (Art. 45.)

Le législateur a pensé qu'il s'agissait là d'un délit

d'une nature particulière ne troublant pas directement l'ordre public; et que la société ne devrait pas s'émouvoir et sévir tant que l'inventeur ne protesterait pas lui-même contre la violation de ses droits. Mais une fois que l'intérêt privé a parlé et qu'une plainte a été portée, le ministère public recouvre son indépendance: dès lors aucun évènement, pas même le désistement de la partie lésée ne pourrait entraver son action. (Cass. 2 juillet 1853, Paris 3 Avril 1875.)

256. — Lorsqu'il s'agit de la contrefaçon littéraire ou artistique ou de la contrefaçon des marques de fabrique et de commerce, l'action du parquet n'est subordonnée à aucune plainte. Cette différence s'explique par la considération suivante : le droit de l'auteur d'un ouvrage, comme celui du propriétaire d'une marque est toujours facile à vérifier puisqu'il résulte d'un simple dépôt; il n'en est pas de même du droit de l'inventeur, qui reposant sur un titre délivré sans examen préalable, est peut-être dénué de tout fondement.

257. — Nous attachant aux termes de l'art. 45, nous pensons que l'action publique ne serait pas mise en mouvement par un procès en contrefaçon porté devant le tribunal civil : car il est impossible de voir là une *plainte* dans le sens légal de ce mot.

258. — L'inventeur pourrait-il agir en contrefaçon aussitôt après la demande, mais avant la délivrance du brevet? Nous ne saurions l'admettre : quel titre produirait-il devant le tribunal? D'ailleurs la demande peut-être rejetée pour une irrégularité de forme : comprendrait-on dès lors une action fondée sur un titre

qui non-seulement n'existe pas encore, mais qui n'existera peut-être jamais? Cependant il ne faut pas oublier que le droit de l'inventeur remonte au jour du dépôt des pièces : à partir de ce moment, s'il n'a pas le droit de poursuivre la contrefaçon, il peut au moins la constater et faire tous les actes conservatoires qu'exige la garantie de son droit éventuel.

259. — Si l'inventeur n'est pas recevable dans sa poursuite avant la délivrance du brevet, nul doute qu'il puisse agir après que le brevet est déchu, ou bien arrivé à son terme légal, si d'ailleurs les faits de contrefaçon se sont produits pendant que son titre était encore en vigueur ; la jurisprudence est unanime à cet égard. Nous croyons que l'inventeur pourrait également, après l'expiration de son brevet, obtenir une permission du juge pour saisir les produits contrefaits, avant cette époque. On nous oppose les termes de l'article 47 qui n'accorde ce droit qu'aux *propriétaires de brevet*. N'est-ce pas donner à cette expression une portée que le législateur n'a point prévue ? Sans doute, dans la plupart des cas, celui qui se présente devant le juge pour demander une autorisation de saisie, s'appuiera sur un brevet encore existant; mais n'est-il pas évident que la loi a simplement statué sur le *plerumque fit*? Si l'inventeur dont le titre est expiré peut poursuivre la contrefaçon, n'est-il pas naturel de l'autoriser à faire la constatation judiciaire du délit ? M. Pouillet accorde bien que le droit de saisie existe à partir du dépôt de la demande; mais il le refuse après l'expiration du titre : et cependant, dans l'un et l'autre cas, il n'est pas vrai de dire que l'inventeur soit *propriétai.e du brevet*. Cette contradiction ne détruit-elle pas le système de nos adversaires ?

260. — Les étrangers sont-ils recevables à poursuivre la contrefaçon devant nos tribunaux? assurément ; la loi de 1844 qui les autorise à se faire breveter en France, devait assurer une protection efficace à leurs droits. Mais ils seront tenus de fournir la caution *judicatum solvi*, à moins qu'ils n'aient été admis à établir leur domicile en France.

Ce droit d'action des étrangers, n'est d'ailleurs soumis à aucune condition de réciprocité diplomatique ou administrative. Il en est autrement, nous avons eu déjà l'occasion de le dire, en matière de marques de fabrique et de commerce.(Loi du 26 nov. 1874,art. 9).

Ajoutons que depuis le décret du 28 mars 1852, les étrangers ont le droit de reproduire exclusivement leurs œuvres en France, et par conséquent de poursuivre les contrefacteurs, pourvu qu'ils aient fait le dépôt exigé par la loi.

261. — Il est bien évident que l'étranger ne pourrait pas agir en France, en vertu d'un brevet obtenu dans son pays; pas plus qu'il ne serait punissable chez nous, pour avoir, au delà de nos frontières, contrefait des produits brevetés en France. Car le brevet n'a qu'une valeur toute territoriale, et les autorités administratives ou judiciaires d'une nation, ne peuvent, ni poursuivre ni condamner,en vertu d'un titre qui émane d'une puissance étrangère.

§ 5. *Tribunaux compétents pour connaître de la contrefaçon.*

262. — Aux termes de l'art. 48, de la loi de 1844, le breveté peut, à son choix, poursuivre la contrefaçon devant les tribunaux civils ou correctionnels. L'une et l'autre de ces juridictions ont leurs avantages et leurs inconvénients que l'inventeur pesera avant d'intenter son action.

263. — Devant les tribunaux correctionnels, la procédure est plus prompte et moins coûteuse et le contrefacteur sera condamné aux peines édictées par la loi. Mais le breveté redoutera peut-être les dangers d'une audience correctionnelle où la production de témoignages nombreux, souvent intéressés, est de nature à exercer une grande influence sur l'esprit du tribunal. — La procédure suivie devant les tribunaux civils offrira, sous ce rapport, une plus grande sécurité; mais l'inventeur doit être prévenu que le procès civil durera plus longtemps, que les frais seront considérables, et qu'enfin, le tribunal ne pourra lui allouer, s'il triomphe, que des dommages-intérêts, sans avoir le droit de prononcer la moindre peine contre le contrefacteur.

A toutes ces considérations, il convient d'ajouter qu'au correctionnel, le partage des juges entraîne l'acquittement du prévenu, tandis qu'au civil, il oblige à un nouvel examen après adjonction d'un nouveau juge pour départager les voix.

264. — Si le breveté choisit la voix correctionnelle, il peut : soit déposer une plainte au parquet et demander une instruction; soit, par une citation directe, saisir la juridiction répressive de la connaissance du délit. Cette seconde voie est de beaucoup la plus usitée. Il y a lieu d'appliquer ici toutes les règles du Code d'instruction criminelle sur la citation, et l'instruction à l'audience. — Le plaignant qui s'est porté partie civile sur l'action intentée par le ministère public, ou bien qui a cité directement le prévenu devant la police correctionnelle, peut se présenter en personne ou se faire représenter par tout mandataire de son choix. S'il ne comparaît pas, ni personne pour lui, il est jugé par défaut, et le plus souvent, sa demande en réparation est repoussée. Pourrait-il former opposition contre ce jugement par défaut? La Cour de Paris lui a reconnu ce droit dans un arrêt du 18 juillet 1845. — Quant au prévenu, s'il n'encourt pas la peine de l'emprisonnement, il peut se faire représenter par un avoué ou autre mandataire ; mais le tribunal a toujours le droit d'ordonner la comparution personnelle. (Art. 185 du Code d'Ins. crim.). S'il ne se présente pas, ni personne pour lui au jour de l'audience, il est jugé par défaut, et peut former opposition contre ce jugement qui, en fait, le condamne presque toujours.

265. — Le prévenu, la partie civile et le ministère public, peuvent respectivement appeler de la décision contradictoire du tribunal correctionnel. Mais, l'appel

de l'une des parties ne permet pas à la Cour d'examiner et de réformer les dispositions qui font grief aux autres parties. (Cass. 7 juin 1851 ; 29 mai 1868). Au surplus, l'appel en notre matière est soumis à toutes les règles qui sont tracées au Code d'instruction criminelle.

266. — Si le breveté choisit la voie civile, il devra intenter son action devant le tribunal du domicile du défendeur (art. 57, Code de proc. civ.). Les raisons qui nous ont fait décider que l'action en nullité du brevet était dispensée du préliminaire de conciliation, peuvent être invoquées ici avec la même force. La demande en contrefaçon requiert assurément célérité : il y a donc lieu de faire l'application de l'art. 49 du Code de proc. civ.

267. — Le jugement qui interviendra est susceptible d'opposition et d'appel; enfin, l'arrêt définitif peut être déféré à la Cour de cassation, le tout dans les formes et suivant les règles qui sont édictées au Code de procédure civile.

268. — Nous renvoyons à ce que nous avons dit en traitant des actions en nullité ou en déchéance, sur l'incompétence des juridictions consulaire et arbitrale. Les tribunaux civils ou correctionnels peuvent seuls connaître des demandes en contrefaçon : les termes restrictifs de l'article 48 ne laissent aucun doute à cet égard (C. de Lyon, 12 déc. 1871).

Cependant, si le contrefacteur était justiciable d'une juridiction exceptionnelle, il y aurait lieu de déroger à ce principe de la loi de 1844; ainsi, nul doute que le militaire, prévenu de contrefaçon, doive être traduit devant les conseils de guerre (art. 56, Code de just. mil.). Nous ne parlons, bien entendu, que de la poursuite tendant à la répression du délit; car le breveté est toujours maître de procéder, par la voie civile, devant les tribunaux ordinaires.

§. 6. *Défenses à la poursuite. — Chose jugée.*

269. — Devant quelque juridiction qu'il se trouve, le breveté poursuivant la contrefaçon a trois faits à établir. Il doit prouver : 1° qu'il est propriétaire du brevet ; 2° que le défendeur ou le prévenu a fabriqué, recelé ou introduit en France les produits en litige; 3° que ces objets sont bien similaires à ceux du brevet. Pour faire tomber cette attaque, le prévenu de contrefaçon a plusieurs moyens de défense. Il peut soutenir: que le brevet est frappé de nullité ou de déchéance; que le poursuivant n'en a pas la propriété; que les objets argués de contrefaçon ne sont pas identiques à ceux du brevet. Il peut enfin opposer la cession ou la licence que l'inventeur lui aurait concédée.

270. — Serait-il recevable à exciper de sa connaissance personnelle de l'invention, antérieurement à l'obtention du brevet, cette connaissance ne constituant pas d'ailleurs une publicité suffisante pour anéantir le droit de l'inventeur? Il nous semble que cette possession antérieure des moyens du brevet doit

être considérée comme une réponse péremptoire à la poursuite. Le décider autrement, ce serait porter atteinte aux droits acquis les plus incontestables. Dira-t-on que le breveté acquiert un droit absolu opposable à tout le monde? Nous répondrons que sa découverte était dépourvue de tout caractère de nouveauté, au moins à l'égard de celui qui la possédait; et qu'en le brevetant, la société n'a pas pu lui conférer plus de droits qu'elle n'en avait elle-même. Or, est-il douteux qu'elle ne pouvait pas dépouiller le possesseur du secret? Si donc elle était tenue de respecter cette possession, comment l'inventeur méconnaîtrait-il aujourd'hui le droit qui en résulte? La jurisprudence a maintes fois consacré notre système sur cette importante question (Cass., 30 mars 1849; 23 fév. 1856).

271. — Toutes les exceptions que nous venons de mentionner peuvent être soulevées indifféremment soit devant la juridiction correctionnelle, soit devant la juridiction civile ; mais la décision qui intervient n'a pas la même portée selon qu'elle est rendue au civil ou au correctionnel. Nous avons eu déjà l'occasion d'indiquer cette différence en traitant des actions en déchéance et en nullité : c'est le moment d'y revenir pour en dégager nettement le principe et les conséquences.

272. — Supposons d'abord que la demande en contrefaçon soit portée devant le tribunal civil et que le défendeur oppose la nullité ou la déchéance du brevet en formant une demande reconventionnelle. La décision du tribunal, soit qu'elle annule le brevet, soit

qu'elle le valide, aura désormais entre les parties l'autorité souveraine de la chose jugée ; l'art. 1351 du Code civil s'appliquera dans toute sa rigueur. Et même, rappelons-le ici, le ministère public intervenant dans l'instance en vertu de l'art. 37, pourra prendre des réquisitions pour faire prononcer la nullité ou la déchéance absolue du brevet.

273. — Supposons maintenant que le breveté ait saisi la juridiction répressive de la connaissance du délit ; le prévenu invoquant comme tout à l'heure la nullité ou la déchéance du brevet, le tribunal correctionnel pourra-t-il statuer sur ce moyen de défense ? et s'il le peut, quelle sera la portée de sa décision ?

Les lois des 7 janvier et 25 mai 1791 n'indiquaient pas la juridiction compétente pour connaître des actions en nullité et en déchéance. Les juges de paix investis de la connaissance des actions en contrefaçon étaient par cela même presque toujours appelés à prononcer incidemment sur les questions de validité ou de propriété du brevet, en vertu du principe que le juge de l'action est juge de l'exception. Mais la jurisprudence n'était pas unanime à cet égard, et nous pouvons citer un arrêt de la Cour de cassation du 27 décembre 1837, décidant que la demande en déchéance du brevet ne peut être portée que par action principale devant le tribunal civil. La loi du 25 mai 1838 sur les justices de paix, parut bien trancher la question dans le sens de cet arrêt. Voici en effet ce que dit l'article 20 : « Les actions concernant les brevets d'invention seront portées, s'il s'agit de nullité ou de déchéance des brevets devant les tribunaux civils de première instance ; s'il s'agit de contrefaçon devant les tribunaux correctionnels. » Cependant, malgré ces termes précis, la jurisprudence admettait en matière de brevet comme en toute autre, le droit pour les tribunaux correctionnels de statuer sur les exceptions soulevées devant eux. Il est hors de doute, que le législateur de 1844, a voulu simplement consacrer cette jurisprudence en décidant que : « Le tribunal correctionnel saisi d'une action pour délit de contrefaçon statuera sur les exceptions qui seraient tirées par le prévenu soit de la nullité ou de la déchéance du brevet, soit de questions relatives à la nullité du brevet. » Art. 46.

Il ne faudrait donc pas croire que cette disposition déroge aux principes du droit commun, en conférant aux tribunaux correctionnels le pouvoir de prononcer d'une manière générale, la nullité ou la déchéance du brevet. La jurisprudence antérieure à la loi de 1844, n'accordait certainement pas une pareille portée aux décisions des tribunaux répressifs : et, nous le répétons, le législateur de 1844, n'a eu d'autre but, en rédigeant l'art. 46, que de donner à cette jurisprudence une sanction définitive.

274. — Rappelons les principes de droit criminel qui, suivant nous, doivent être appliqués ici sans aucune réserve : en matière immobilière, le tribunal de répression ne peut jamais connaître de l'exception préjudicielle; il est tenu de surseoir jusqu'à ce que la juridiction civile ait statué. En matière mobilière, il

en est autrement : le tribunal correctionnel statue sur l'exception ; mais d'une manière restreinte, en tant seulement que la décision de la question préjudicielle est indispensable pour mettre le tribunal en état de juger le délit. Le jugement qui intervient sur l'exception n'a point un caractère général et absolu ; il ne l'apprécie que relativement au fait particulier à raison duquel la poursuite a lieu. Tel est le principe dominant qui s'impose en notre matière, comme en tout autre. M. Valette, consulté en 1853, sur la question qui nous occupe, l'a tranchée comme nous venons de le faire « si par exemple, disait-il, un prévenu d'adultère conteste le mariage du plaignant et que le tribunal, considérant le mariage comme nul, ait acquitté le prévenu, celui-ci pourrait-il prétendre qu'il y a désormais chose jugée, à son profit, de la non-existence du mariage, et qu'on ne pourrait en prouver contre lui, la validité dans le cas où, par un motif quelconque, il aurait intérêt à le contester? Non, sans doute ; et qu'on n'objecte pas qu'il s'agit ici de question d'Etat, puisque des exceptions tirées d'un droit peuvent n'être jugées qu'au point de vue de la poursuite d'un délit. »

Appliquant cette solution à la matière des brevets, nous dirons : si le tribunal correctionnel accueillant l'exception tirée de la nullité ou de la déchéance du brevet, renvoie le prévenu des fins de la plainte ; sans doute, celui-ci ne pourra plus être recherché pour le même fait : l'autorité de la chose jugée s'y oppose. Mais le breveté n'en conserve pas moins le droit de se prévaloir de son titre contre ce même individu qu'il a poursuivi une première fois sans succès, si de nouveaux faits de contrefaçon viennent à se produire. La jurisprudence, après quelques hésitations paraît s'être rangée définitivement à cette doctrine. (Paris, 21 juil. 1859. — 15 juin 1861).

275. — Nous avons supposé jusqu'ici que le prévenu de contrefaçon oppose la nullité ou la déchéance du brevet, devant le tribunal même qui doit statuer sur la question du délit. Mais il peut également introduire une demande principale en nullité ou en déchéance devant le tribunal civil. Alors se présente la question suivante : le tribunal correctionnel doit-il juger immédiatement ou bien surseoir jusqu'à la décision du tribunal civil ? Sans qu'il y ait à distinguer suivant que l'action principale en nullité ou en déchéance a été introduite avant ou après la poursuite en contrefaçon ; nous croyons que le tribunal correctionnel n'est tenu, ni de juger, ni de surseoir, mais qu'il peut, suivant les circonstances, prendre l'un ou l'autre parti. M. Barthélemy, rapporteur de la loi, à la Chambre des Pairs l'a déclaré d'une façon formelle. La jurisprudence, fondée sur l'art. 162 du Code Forestier, pourra ou plutôt *devra* toujours servir de règle aux tribunaux saisis du jugement du délit de contrefaçon; le tribunal aura à apprécier les circonstances.... » (Paris, 22 fév. 1845. — Trib. corr. Paris, 27 nov. 1849).

276. — Les questions que nous venons d'étudier se présentent lorsqu'il s'agit de la contrefaçon littéraire ou des marques de fabrique et de commerce : les mêmes principes sont applicables et demandent des so-

lutions analogues. — Nous en dirons autant pour la contrefaçon des dessins de fabrique ; mais observons qu'alors l'action civile en dommages-intérêts doit être portée devant les tribunaux de commerce, d'après les termes formels de l'art. 15 de la loi du 18 mars 1806. Quant à l'action pénale, elle ne peut, bien entendu, être intentée que devant la juridiction correctionnelle.

§ VII. *Répression de la contrefaçon*

277. — Pour terminer notre étude, il nous reste à parler des peines que la loi prononce contre le contrefacteur et des réparations civiles auxquelles elle le soumet envers le breveté.

278. — 1° *Peines*. — Les peines sont de deux sortes : l'amende et l'emprisonnement.

279. — L'amende est la même que celle qui est prononcée par le Code pénal en matière de contrefaçon littéraire ou artistique : elle varie entre 100 et 2,000 fr. et frappe aussi bien le complice que l'auteur principal du délit (art. 40 et 41).

280. — Quant à l'emprisonnement, nous avons déjà dit qu'il peut être prononcé, dans le cas où le contrefacteur est, soit un ouvrier du breveté, soit un tiers ayant eu connaissance par cet ouvrier des procédés décrits au brevet. L'art. 43 permet de les punir l'un et l'autre d'un emprisonnement d'un mois à six mois ; et dans la seconde hypothèse, l'ouvrier qui a révélé le

secret de l'inventeur peut être poursuivi comme complice et puni de la même peine.

281. — Conformément au principe d'après lequel a récidive constitue une circonstance aggravante du délit, l'article 43 prononce, outre l'amende, un emprisonnement d'un mois à six mois contre le prévenu qui, dans les cinq années antérieures, a subi une première condamnation *pour un des délits prévus par la loi de 1844*.

282. — La généralité de ces termes a fait naître la question de savoir s'il y aurait récidive au cas d'une condamnation encourue en vertu de l'art. 33, par celui qui usurpe le titre de breveté, ou bien n'en fait pas suivre la mention de ces mots *sans garantie du gouvernement*. Nous ne le croyons pas. L'article 43, en effet, ne vise expressément que les délits prévus par les articles 41 et 42 ; et les principes nous interdisent d'étendre une disposition pénale qui, pour la place même où elle se trouve, ne peut s'appliquer qu'aux délits de contrefaçon proprement dite. D'ailleurs, l'article 33 prévoit et punit la récidive des délits spéciaux dont il s'occupe : on peut donc dire qu'il présente un système de répression distinct et indépendant, se suffisant à lui-même ; d'autant plus, cette considération est décisive, qu'il n'a été introduit dans la loi que postérieurement au vote des articles 41 et suivants.

283. — La récidive résultera-t-elle d'une deuxième atteinte aux droits du même breveté ou bien de la contrefaçon de tout autre brevet? Pour répondre à cette question, nous nous bornerons à citer les paroles de

Philippe Dupin, rapporteur de la loi à la Chambre des Députés. « Si un voleur relaps venait dire devant un tribunal correctionnel : Je ne suis pas en récidive, car la première fois j'ai volé telle personne, et la deuxième fois j'en ai volé une autre, trouverait-on cette défense bien légale et bien convenable?... Je sais bien que la contrefaçon n'est pas aussi odieuse que le vol proprement dit ; mais ce n'en est pas moins une action coupable ; c'est l'invasion illégale sur le droit d'autrui. Quelle que soit donc l'invention contrefaite, dès qu'il y a deux contrefaçons, il y a récidive. »

284. — Le prévenu déjà condamné pour recel, vente ou introduction en France d'objets contrefaits, est certainement en état de récidive, s'il est poursuivi la seconde fois pour contrefaçon proprement dite. Car nous savons que la loi assimile, au point de vue de la répression, le délit principal et les faits de complicité. — L'article 42 prescrit que les peines établies par la loi de 1844 ne peuvent être cumulées : mais il faut pour cela bien entendu qu'il s'agisse de faits antérieurs au procès actuel. En outre, remarquons-le bien, le législateur n'a pas voulu prohiber le cumul de l'emprisonnement et de l'amende : l'article 43 en effet, exprime formellement le contraire.

285. — Si le même individu était poursuivi pour contrefaçon, et à la fois violation de l'art. 33, le tribunal pourrait-il cumuler les peines édictées contre l'un et l'autre délit ? Assurément non : quand bien même la loi de 1844 laisserait subsister quelque doute à cet égard, les principes généraux du Code pénal devraient

recevoir leur application. (Art. 365, Code Ins., Crim.)

286. — Après avoir prohibé le cumul des peines, l'article 42 ajoute que la peine la plus forte sera seule prononcée pour tous les faits antérieurs au premier acte de poursuite. Cette disposition n'est applicable que dans un cas : celui dont nous parlions tout à l'heure où le prévenu est accusé en même temps d'avoir commis une contrefaçon, et d'avoir violé l'article 33. La peine la plus forte, c'est-à-dire celle de la contrefaçon, sera seule prononcée.

287 — Le tribunal correctionnel, conformément à l'article 463 du Code pénal peut admettre des circonstances atténuantes, et, même en cas de récidive, réduire la peine à une simple amende inférieure à 16 fr. (Article 44.)

288. — La loi du 23 juin sur les marques de fabrique et de commerce a organisé un système de répression analogue à celui de la loi sur les Brevets d'invention. Les mêmes dispositions s'y trouvent reproduites relativement à la récidive, au non-cumul des peines, et aux circonstances atténuantes.

Mais les peines édictées par le législateur de 1857 ne sont pas uniformes, et dans certains cas plus rigoureuses : d'abord l'emprisonnement accompagne toujours l'amende ; ensuite la prison peut s'élever jusqu'à trois ans, et l'amende atteindre le chiffre de 3,000 fr. (Art. 7, 8 et 9.)

Cette aggravation de pénalité ne nous surprendra pas si nous songeons qu'avant la loi de 1857 la contrefaçon des marques était considérée comme un crime et punie de la réclusion. (Loi du 22 germinal an XI ; article 142 et 143 du Code pénal.)

2· Confiscation des objets contrefaits.

289. — Il ne suffisait pas de punir le contrefacteur ; si la prison et l'amende prononcées contre lui donnent satisfaction à la société, elles sont impuissantes à réparer l'atteinte portée aux droits du brevet. L'inventeur a subi un dommage souvent considérable dont il est nécessaire de l'indemniser : tel est le but de l'article 49. « La confiscation des objets reconnus contrefaits, et, le cas échéant, celle des instruments ou ustensiles destinés spécialement à leur fabrication seront même en cas d'acquittement, prononcées contre le contrefacteur, le recéleur, l'introducteur ou le débitant. Les objets confisqués seront remis au propriétaire du brevet, sans préjudice de plus amples dommages-intérêts et de l'affiche du jugement, s'il y a lieu. »

290. — De ce que la confiscation doit être prononcée même en cas d'acquittement du prévenu, nous concluons qu'elle n'est pas une peine proprement dite, mais un dédommagement du préjudice causé au breveté par la contrefaçon. Par suite elle peut et doit être prononcée aussi bien par la juridiction civile que par la juridiction correctionnelle. La jurisprudence est aujourd'hui unanime pour consacrer ce principe qui ressort d'ailleurs nettement de la discussion de la loi. (Cass., 29 juin 1875.)

291. — Supposons que le prévenu soit acquitté par le tribunal correctionnel, et que le breveté seul interjette appel de cette décision : l'action publique est désormais éteinte. La Cour, réformant le jugement de première instance, pourra-t-elle prononcer la confiscation ? Sans aucun doute : l'appel de la partie civile confère aux juges du second degré le droit d'ordonner la réparation du dommage qu'elle a souffert. (Cass., 22 juin 1860).

292. — Le poursuivant n'est pas tenu de requérir formellement la confiscation des objets reconnus contrefaits : l'art. 49, conçu en termes impératifs, fait aux juges un devoir de la prononcer, même en cas d'acquittement. Une objection se présente ici : nous avons vu que la loi punit le fait matériel de la contrefaçon, indépendamment de toute intention frauduleuse. Dès lors, comment peut-il arriver que les produits en litige soient reconnus contrefaits et que le prévenu soit renvoyé de la plainte ? Il faut supposer pour cela qu'il s'agit non pas d'un auteur principal du délit, mais d'un complice qui peut se prévaloir de sa bonne foi. (Cass., 9 décembre 1846.)

293. — En principe, il est bien évident que les objets contrefaits seuls doivent être confisqués : mais s'ils sont réunis à d'autres objets dont ils ne peuvent être séparés au moins sans dégât, la jurisprudence décide que la confiscation de ce tout indivisible doit être prononcée. (Metz, 14 août 1850. — Paris, 26 mars 1861), Sans doute, le breveté bénéficiera de cette circonstance, mais serait-il juste qu'il en souffrît ? Sa situation n'est-elle pas plus digne d'intérêt que celle du contrefacteur ?

294. — Si l'objet contrefait est une machine, la confiscation atteindra-t-elle les produits obtenus à l'aide de l'instrument breveté? La jurisprudence décide que ces produits peuvent être confisqués, s'ils ont, par l'emploi du brevet, subi une modification importante qui doit les faire réputer contrefaits. (Cass. 13 mai 1853-9 mai 1859, Nancy, 27 janvier 1873.)

295.— L'art. 49, après avoir prescrit la confiscation des objets reconnus contrefaits, permet de l'étendre aux instruments ou ustensiles destinés spécialement à la fabrication des objets. Observons, que le législateur, ne s'exprime plus ici d'une manière impérative; le tribunal appréciera, *le cas échéant*, s'il convient de comprendre dans la confiscation les instruments ou ustensiles, pour enlever au contrefacteur le moyen de porter une nouvelle atteinte aux droits du breveté.

296. — La confiscation est-elle limitée aux seules objets préalablement saisis? Doit-elle comprendre en outre les objets qui ont été simplement décrits, ou bien doit-elle atteindre tous les objets contrefaits sans distinction, que leur caractère délictueux ait été ou non judiciairement constaté? chacune de ces trois opinions a trouvé des partisans dans la doctrine et dans la jurisprudence: pour notre part, nous n'hésitons pas à défendre la dernière qui nous semble plus conforme à l'esprit comme à la lettre de la loi.

Et d'abord il est incontestable que la description et la saisie ne sont nullement obligatoires : le breveté est seul juge de l'opportunité de ces mesures ; s'il y procède, il se réserve un moyen de preuve énergique, rien de plus; s'il les néglige, son droit d'action n'en reste pas moins entier. Dès lors comment les effets du jugement qu'il obtiendra pourraient-ils être amoindris ? Si la description et la saisie ne modifient en rien la nature de l'action, quelle influence exerceraient-elles sur la décision à intervenir? En ordonnant la confiscation des objets contrefaits, le législateur s'est proposé un double but : indemniser le breveté du préjudice qu'il a subi, dépouiller le contrefacteur d'une possession illégitime et délictueuse. Que les objets contrefaits aient été ou non décrits ou saisis, ne sont-ils pas entachés du même vice, ne portent ils pas la même atteinte aux droits de l'inventeur? Les termes de l'art. 49 par leur généralité écartent toute distinction : celle qu'on prétend y introduire est absolument arbitraire. La loi prononce la confiscation des objets reconnus contrefaits et, le cas échéant, celle des intruments ou ustensiles destinés spécialement à leur fabrication : mais nulle part elle n'exige que ces objets aient été décrits ou saisis. Le système de nos adversaires n'a pas seulement contre lui la lettre et l'esprit de la loi ; il présente un danger sérieux qui suffirait pour le condamner. Nous nous rappelons en effet, que la description et la saisie ne peuvent être pratiquées qu'en vertu d'une ordonnance du Président ; et nous avons dit que, d'après une opinion généralement admise, le magistrat pouvait refuser ou restreindre son autorisation, au moins en ce qui concerne la saisie. Ce pouvoir, rationnel s'il s'agit d'une simple mesure de constatation, ne devient-il pas exorbitant si la permission du juge, a pour effet de limiter la réparation civile que le breveté pourra obtenir? La Cour de cassation, dans un arrêt récent du 23 juin 1876 a consacré la doctrine que nous venons de défendre.

297. — 2° *Dommages-intérêts et affiche du jugement.* Il arrivera souvent qu'une partie des objets contrefaits étant passés aux mains de détenteurs inconnus, la confiscation ne pourra pas les atteindre : pour compléter la réparation qui est due au breveté, la loi permet aux juges de lui accorder, s'il y a lieu, des dommages-intérêts. Elle leur donne ce droit sans distinction, même au cas où tous les objets contrefaits auraient été atteints et confisqués, car la contrefaçon constituant au premier chef une concurrence déloyale, frappe souvent l'inventeur dans son industrie et dans sa réputation même. C'est là, d'ailleurs une application de ce principe général : que tout fait de l'homme qui cause à autrui un dommage, oblige celui par la faute duquel il arrive à le réparer (Art. 1382, Cod. civ.). Le Tribunal appréciera l'étendue du préjudice, en calculant les dommages-intérêts, plutôt sur l'atteinte réelle portée aux droits du breveté, que sur le bénéfice réalisé par le contrefacteur : car il ne s'agit pas ici de prononcer une peine, mais seulement de déterminer une réparation civile.

298. — Le prévenu est soumis à la contrainte par

corps pour le recouvrement de cette condamnation aux dommages-intérêts : mais il faut pour cela qu'il ait été reconnu coupable du délit de contrefaçon, soit par le jugement même qui le soumet à la réparation civile, s'il est traduit devant la juridiction correctionnelle ; soit par une décision des tribunaux répressifs, si c'est la juridiction civile qui le condamne à ces dommages-intérêts (Art. 2 et 5. Loi du 2 juillet 1867).

299. — Conformément aux principes du Code de procédure civile (art. 1036), l'art. 49 de la loi de 1844, autorise les juges à prononcer, s'il y a lieu, l'affiche du jugement rendu contre le contrefacteur. C'est là un troisième et dernier élément de la réparation civile que peut obtenir le breveté. Si le tribunal refuse d'accorder l'affiche du jugement, nous croyons que la partie intéressée a le droit de la faire, à ses propres frais, bien entendu ; et même de publier par toutes les voies la décision rendue en sa faveur. Lui contester ce droit, c'est méconnaître le principe de la publicité des audiences. Cependant il a été jugé que l'affiche des jugements et arrêts est un fait illégal et donne lieu à une action en dommages-intérêts, lorsqu'elle a eu lieu avec intention de nuire et qu'elle a causé un préjudice (Paris, 23 fév. 1839).

300. — Si le breveté échoue dans ses poursuites, le prévenu, renvoyé des fins de la plainte peut certainement demander la réparation du préjudice que lui a causé ce procès téméraire ; à cet effet le Tribunal civil ou correctionnel qui rejette la demande en contrefaçon, condamnera, s'il le juge convenable, le

poursuivant à des dommages-intérêts, et ordonnera même l'impression et l'affiche du jugement à ses frais.

301. — Comme la confiscation, les dommages-intérêts et l'affiche du jugement peuvent être prononcés par les tribunaux civils ou correctionnels, même en cas d'acquittement du prévenu. Le breveté doit, en effet, quelle que soit l'issue du procès, obtenir réparation du dommage qu'il a subi.

302. — Plusieurs individus poursuivis à la requête du même breveté peuvent-ils être condamnés solidairement aux frais et aux dommages-intérêts adjugés au plaignant? Oui, s'il a existé entre eux une entente préalable qui les rend complices du même délit. Non, s'il s'agit de faits de contrefaçon distincts, quoique de même nature. Supposons, par exemple, que deux industriels qui ne se connaissent nullement, fabriquent un même produit breveté; il pourra se faire qu'ils soient poursuivis tous deux ensemble et condamnés le même jour devant le tribunal. Mais, comme aucun lien ne les unissait dans l'accomplissement du délit, les condamnations qui les frappent sont indépendantes et proportionnées au préjudice causé par chacun d'eux (Cass., 27 juillet 1850; Paris, 1" août 1874).

§ 8. *Prescription.*

303. — La contrefaçon étant un délit, il en résulte

que le droit de poursuite se prescrit par trois ans (article 658, Code d'instr. crim.). Le délai commence à courir du jour où le délit a été commis s'il n'a été fait aucun acte d'instruction ni de poursuite. C'est au prévenu qui excipe de la prescription à prouver que le délit remonte à plus de trois ans.

304. — Il importe de bien déterminer le point de départ de ce délai. Si la contrefaçon consiste dans un fait de fabrication, de vente ou d'introduction en France, pas de difficulté; la prescription commence à courir à partir de chacun de ces faits.

305. — En dirons-nous autant lorsqu'il s'agit de l'usage continu d'un moyen breveté? Ou bien faudra-t-il voir dans cet usage un délit successif et indivisible pour lequel la prescription ne doit courir que du jour où il a cessé? Nous ne le pensons pas; malgré sa continuité, l'usage se compose d'autant de faits distincts qu'il y a de mises en œuvre du moyen breveté. Les juges ne doivent donc tenir compte que de ceux de ces faits qui ne sont pas individuellement atteints par la prescription.

306. — Si la contrefaçon consiste dans le recel ou l'exposition en vente d'objets brevetés, le délit est continu, et la prescription ne peut commencer à courir que du jour où le recel et l'exposition en vente ont cessé.

307. — Lorsque l'action publique est prescrite, l'action civile partage-t-elle le même sort? Ou bien le breveté conserve-t-il pendant trente ans le droit d'introduire une demande en dommages-intérêts? L'art. 638

du Code d'instruction criminelle, qui se réfère à l'article 637, déclare formellement que l'action publique et l'action civile sont atteintes par la même prescription; il n'y a pas de raison pour déroger à ce principe en notre matière.

308. — La prescription est d'ordre public; le prévenu peut donc l'opposer en tout état de cause, et s'il ne l'invoque pas, le tribunal doit l'appliquer d'office.

309. — Il ne faut pas confondre la prescription de l'action avec la prescription de la peine; cette dernière ne s'accomplit que par l'expiration d'un délai de cinq années, à compter de la date du jugement ou de l'arrê qui a condamné le prévenu. Quant aux réparations civiles accordées à l'inventeur, elles ne sont prescriptibles que par trente ans (art. 2262 du Code civil).

CONCLUSION

Faut-il supprimer les brevets? — Avant de rechercher si la législation actuelle sur les brevets d'invention, répond aux besoins de notre époque, demandons-nous si une pareille législation est vraiment utile, et si elle ne constitue pas, comme on l'a prétendu, un outrage à la liberté de l'industrie.

Nous croyons avoir, au début de cette thèse, suffisamment établi quel était le fondement du droit de l'inventeur : ne revenant donc plus sur cette question de principe, nous nous placerons uniquement au point de vue des intérêts de l'industrie qu'on invoque pour demander l'abolition des brevets.

Rayer de notre Code la propriété industrielle, ne voit-on pas que c'est tuer l'esprit d'investigation et fermer le champ des découvertes? Où sont-ils, les hommes désintéressés qui voudront encore consacrer leur temps et leur fortune à des recherches dont les fruits profiteront à tous, sans que la loi fasse la part du travail et de l'intelligence ? Et si cependant une invention se produit, croyez-vous que son auteur laissera le domaine public s'en emparer? Non, il fera tous ses efforts pour l'exploiter en secret, et s'assurer le monopole qu'on lui refuse : de sorte que, sous prétexte de garantir la liberté de l'industrie, vous la priverez peut-être à jamais d'une découverte qui, dans le système de notre législation, doit nécessairement et dans un délai connu, enrichir la société tout entière.

Oserait-on prétendre que l'industrie est moins florissante en France depuis les lois de 1791 qui ont proclamé les droits de l'inventeur ; et si les progrès de la science lui ont donné ce puissant essor, ne sommes-nous pas fondés à dire que les brevets aussi ont concouru dans une large mesure à sa prospérité? Presque toutes les législations consacrent le principe de la propriété industrielle et la statistique est là pour montrer que l'état de l'industrie dans un pays est toujours en rapport avec le nombre des brevets qui y sont délivrés. La France, l'Angleterre, les Etats-Unis et la Belgique sont les quatre nations où l'industrie acquiert le plus grand développement ; ce sont également celles où le nombre des brevets est le plus considérable. Les pays au contraire les plus stériles en découvertes sont précisément ceux qui, comme la Grèce et la Turquie, ne reconnaissent pas la propriété industrielle. Nous objectera-t-on l'exemple de la Suisse qui, sans législation sur les brevets, offre cependant le spectacle d'une industrie prospère? Nous répondrons que si ce petit peuple se livre en toute sécurité à la contrefaçon des découvertes étrangères, il n'invente et ne produit rien d'original par lui-même. Ajoutons enfin que plus la loi d'un pays se montre large et libérale dans la protection qu'elle assure à l'inventeur, plus l'esprit de recherches est stimulé et par suite plus l'industrie est florissante : témoin la Belgique dont la législation favorise dans une si large mesure le développement des brevets.

On a prétendu encore que les brevets d'invention étaient une entrave à la vulgarisation des découvertes : un exemple célèbre dans les annales de l'industrie prouve bien la vanité d'une pareille objection. Lorsque Daguerre fit sa découverte, le gouvernement désireux d'en enrichir sans délai le domaine public, lui proposa, moyennant un certain prix, de renoncer au droit de prendre un brevet. Cette transaction fut acceptée. En Angleterre, l'auteur de l'invention se fit délivrer une patente qu'il vendit à un négociant ; et le cessionnaire exploita privativement la découverte française pendant quatorze années. Qu'arriva-t-il ? Malgré cette différence de situation, l'idée de Daguerre fit des progrès également rapides chez nous et chez nos voisins d'outre-Manche. En présence de cette même invention patentée en Angleterre, exploitée librement en France et qui dans l'un et l'autre pays prend le même essor, est-il possible de soutenir que la vulgarisation des découvertes est entravée par les brevets ?

Si, après tout ce que nous venons de dire, l'existence des brevets d'invention pouvait être encore sérieusement menacée, une dernière considération devrait désarmer leurs adversaires. De nos jours, à la tête du commerce et de l'industrie, s'élèvent des établissements immenses, des sociétés à capitaux énormes qui rendent toute concurrence impossible. Dans cette lutte inégale, les petits fabricants se verraient inévitablement et toujours écrasés ; si le législateur ne laissait entre leurs mains une arme puissante : le brevet. Grâce à cette arme, l'industriel le plus modeste, l'ouvrier même, qui fait une découverte, peut défier la concurrence : le monopole du capital vient se briser contre le droit de l'inventeur. Supprimer les brevets, c'est rendre un arrêt de mort contre cette foule de petits fabricants qui concourent à la prospérité du pays; c'est concentrer toute l'industrie entre les mains de quelques grands potentats qui, maîtres absolus du marché, obligeront les consommateurs à prendre leurs produits aux conditions qu'il leur plaira de dicter; c'est, en un mot, revenir par la force des choses, aux inconvénients des maîtrises et des jurandes. Et ceux qui demandent l'abolition des brevets parlent au nom de la liberté de l'industrie et des intérêts du peuple ! Mais ce sont précisément ces intérêts que nous leur reprochons de sacrifier ; quant à la prétendue liberté qu'ils réclament, elle ne serait bientôt qu'une insupportable tyrannie.

Examen des réformes que réclame notre législation sur les brevets. — Demandons-nous maintenant si la loi de 1844, répond bien exactement au but que ses auteurs se sont proposé d'atteindre : protection énergique des droits de l'inventeur et encouragement à l'industrie. Il n'existe peut-être pas de loi qui ait été à son début, et qui soit encore plus vivement critiquée.

Les nombreux procès qu'elle soulève chaque jour, les contrariétés de la jurisprudence sur son interprétation, prouvent d'ailleurs que ces critiques ne sont pas dénuées de fondement.

Dès 1854, le gouvernement comprit la nécessité de faire droit aux réclamations de l'industrie, et dans une circulaire ministérielle adressée aux chambres consultatives de commerce, de sérieuses modifications furent proposées. Un projet de loi fut même élaboré ; malheureusement cette tentative de réforme resta infructueuse. Depuis ce temps, l'industrie a fait encore d'immenses progrès ; les imperfections de la loi de 1844 se sont révélées de la façon la plus manifeste, et il est fort désirable que le législateur intervienne enfin pour donner satisfaction aux vœux légitimes de réforme qui ne cessent de se produire.

Chaque peuple jaloux de sa prospérité industrielle recherche la meilleure législation sur les brevets ; et depuis 1844, nous assistons à des tentatives plus ou moins heureuses, dont presque toutes les nations nous offrent le spectacle. L'étude comparative des lois étrangères, anciennes ou récentes, est bien propre à mettre en lumière les avantages et les inconvénients de notre législation.

Examen préalable. — Nous remarquons d'abord que toutes ces lois se divisent en deux groupes se rattachant à deux types distincts : les unes en effet, se sont inspirées de la législation anglaise ; les autres tendent à se rapprocher de notre loi. Rien d'étonnant à cela, puisque l'Angleterre et la France sont les deux nations qui ont les premières proclamé les droits de l'inventeur.

Le trait commun aux lois du premier groupe, de beaucoup les plus nombreuses, c'est l'examen préalable, dont le principe n'est pas appliqué partout avec la même rigueur. Ainsi, tandis qu'en Angleterre, aux Etats-Unis, en Prusse et dans le Hanovre, l'examen porte sur la nouveauté et parfois même sur l'utilité de l'invention ; en Autriche, en Russie et en Bavière, l'administration se borne à examiner si la description est exacte et bien claire, si la découverte n'est pas contraire à l'ordre public et aux bonnes mœurs, enfin si un brevet n'a pas été déjà délivré pour la même invention.

Observons que dans les pays d'examen préalable, les tiers intéressés n'en conservent pas moins le droit d'attaquer le brevet. Le gouvernement se dérobe à la responsabilité qu'il assume en appréciant la valeur de la découverte : dès lors l'examen n'est propre qu'à induire le public en erreur sur la portée véritable du brevet, et à mettre l'inventeur à la merci des caprices de l'administration. Il est vrai qu'aux Etats-Unis l'examen préalable est entouré de garanties sérieuses : l'auteur de la découverte repoussé par les premiers examinateurs peut exercer des recours successifs devant des examinateurs en chef, devant le commissaire des patentes, et en dernier ressort devant le chef de la justice. Mais cette longue procédure ne peut qu'entraîner des retards fort préjudiciables aux intérêts de l'inventeur.

Taxe et garantie provisoire. — Parmi les législations du second groupe, la loi belge du 24 mars 1852 est la plus libérale sous tous les rapports. Comme la nôtre, elle proclame le principe de non-examen préalable ; en outre, elle porte la durée des brevets à vingt ans ; enfin elle organise un système de taxe proportionnelle et ascendante, très-favorable à l'inventeur : 10 francs sont versés la première année, 20 francs la seconde, 30 francs la troisième, et ainsi de suite en ajoutant 10 francs par chaque année de l'existence du brevet. Convient-il de transporter chez nous ce système de la loi belge? On l'a proposé en 1854 ; mais le Conseil d'Etat fut d'avis qu'il fallait maintenir les annuités fixes de 100 francs ; et les considérations qui furent alors invoquées, nous semblent aujourd'hui plus que jamais décisives. Les brevets sont déjà fort nombreux (en 1868, ils atteignirent le chiffre énorme de 6,103) ; s'il en est qui marquent de véritables progrès de l'industrie, il en est d'autres dont la futilité surprend à juste titre. Il importe de leur opposer une digue ; notre taxe relativement peu élevée est nécessaire, si nous ne voulons pas voir le domaine public inondé par une foule d'inventions ridicules et sans profit pour la Société.

Nous ne méconnaissons pas assurément la situation malheureuse faite à l'inventeur sans ressources et sans crédit, qui, faute de pouvoir réunir le montant de la première annuité, risque de perdre tout le fruit de longs travaux. Mais ne serait-il pas possible de venir à son secours d'une façon efficace en empruntant une disposition de la loi anglaise? En Angleterre, en effet, l'inventeur peut, s'il le désire ne pas faire immédiatement les frais considérables d'une patente, déposer une *spécification provisoire* qui protége sa découverte pendant six mois. Durant ce délai, l'invention peut être appliquée et divulguée, sans que le fait de cette divulgation puisse être opposé au demandeur, ni mettre obstacle à la délivrance des lettres patentes ; seulement l'inventeur est privé de tout moyen de droit pour se défendre contre les tentatives d'imitation. Cette protection provisoire lui est accordée moyennant le paiement de 5 livres sterling (125 fr.) ; il peut la prolonger pendant six autres mois en versant une nouvelle taxe de même valeur. Lorsqu'il veut transformer cette protection provisoire en patente définitive, il en fait la déclaration après avoir déposé une spécification complète ; sa demande est rendue publique et toute personne, dans un délai déterminé (21 jours) peut s'opposer à la délivrance de la patente. Jusqu'à ce moment la spécification reste secrète : ce qui, comme nous l'avons vu, permet à l'inventeur de renouveler la protection pendant six autres mois, après l'expiration de la première.

N'est-il pas désirable qu'un système analogue soit introduit dans notre législation? l'inventeur qui n'a pas le moyen de verser la première annuité de la taxe déposerait ses pièces sous pli cacheté, sans être tenu à aucun paiement. Si sa découverte est sérieuse, le délai de six mois, qui pourrait d'ailleurs être porté à une année, lui permettra de faire des essais et de conquérir du crédit. Le projet de loi préparé à la suite de la circulaire du 26 décembre 1854, consacrait cette innovation heureuse. — La protection provisoire offre encore un avantage considérable que nous devons signaler. L'art. 23 de la loi de 1844, permet à toute personne, aussitôt le brevet délivré, de prendre communication et même copie des descriptions et dessins déposés au ministère. Que d'inventeurs sont victimes de cette publicité ! On voit tout les jours des individus, à la piste des brevets nouveaux, qui se hâtant d'en prendre communication, devancent l'inventeur pour faire breveter sa découverte à l'étranger. Il importe de mettre fin à ces abus criants et le système que nous proposons atteindra sûrement ce but. Muni de sa garantie provisoire et maître de son secret pendant six mois, l'inventeur aura tout le temps nécessaire pour demander la protection des lois étrangères, et pour apporter à sa découverte les perfectionnements dont elle est susceptible. Dès lors l'art. 18, dont la disposition est souvent mal comprise, devient inutile et peut être abrogé sans inconvénient.

Citons, à ce propos, une disposition remarquable de la législation du Wurtemberg : pour qu'un tiers puisse prendre connaissance de la description du brevet, il faut : 1° que le brevet n'ait plus qu'une année à courir ; 2° que celui qui en demande communication soit citoyen wurtembergeois ou domicilié dans le pays ; 3° qu'il indique quel intérêt le sollicite à prendre connaissance du brevet ; 4° qu'il présente enfin une garantie suffisante qu'il ne fera pas usage de l'objet breveté pendant la durée de la patente, et qu'il ne donnera pas à un tiers, soit dans son pays, soit à l'étranger, le droit d'en faire usage. (Ordonnance du 30 novembre 1848). Si notre législation n'accorde pas à l'inventeur une protection assez puissante ; cette ordonnance, on le voit, tombe dans l'excès contraire et sacrifie l'intérêt du domaine public. Il est nécessaire que l'industrie puisse se mettre en mesure d'exploiter l'invention pour le moment où le brevet sera expiré Or, la législation wurtembergeoise lui en retire presque complétement les moyens.

Durée des brevets. — Après avoir parlé de la taxe, nous devons dire quelques mots de la durée des brevets. Cette durée varie suivant les législations : tantôt elle est fixe et uniforme pour tous les brevets comme en Angleterre (14 ans) ; tantôt la loi détermine un minimum et un maximum de durée comme en Prusse (6 mois à 15 ans); tantôt enfin, comme chez nous, la durée des brevets est divisée en un certain nombre de périodes entre lesquelles l'inventeur peut choisir. Mais tandis que, d'après la loi française, le breveté est irrévocablement lié par ce choix, sauf intervention du pouvoir législatif, d'autres lois, celle de la Russie, par exemple, lui laissent la faculté d'obtenir des prolongations successives jusqu'à concurrence d'un maximum. — Le système de notre loi est critiqué avec raison. L'inventeur ne sait pas toujours qu'ayant pris un brevet pour 15 ans, il conserve néanmoins la faculté d'en abréger la durée en cessant de payer les annuités. Si, dans cette erreur, il ne se fait breveter que pour 5 ou 10 ans, l'avenir lui réservera peut-être des regrets irréparables. Le projet de loi de 1854 proposait, pour remédier à cet inconvénient, d'assigner à tous les brevets une durée uniforme.—Le maximum de cette durée n'est pas le même dans tous les pays : la loi belge de 1854 l'a porté à 20 ans ; en Russie il est fixé à 10 ans; partout ailleurs il varie entre ces deux termes extrêmes. On conçoit que cette limitation est tout arbitraire et que l'expérience seule peut la justifier. Nous ne croyons pas que la limite de 15 ans adoptée par le législateur français puisse élever contre elle de sérieuses objections ; tant que le besoin d'une modification ne se fera pas sentir, il est donc préférable de la conserver. Presque toutes les lois étrangères admettent en principe la prolongation des brevets; mais l'autorité compétente pour l'accorder n'est point partout la même : c'est tantôt l'administration, tantôt le pouvoir législatif, comme chez nous.

Nullités et déchéances. — Avant de passer à une autre matière, nous devons parler d'une disposition rigoureuse de notre loi qui soulève de justes réclamations. Aux termes de l'article 32, le breveté est déchu de ses droits s'il n'a pas acquitté son annuité avant le commencement de chacune des années de son brevet. Est-il juste de rendre l'inventeur victime d'un obstacle imprévu ou même d'une simple négligence ? La loi belge de 1854, moins draconnienne, accordait au breveté, pour se mettre en règle, un délai d'un mois à partir de l'échéance de la taxe. Plus tard, une loi additionnelle du 27 mars 1857 est venue donner à l'inventeur une sécurité plus grande encore : lorsque la taxe n'est pas payée dans le mois de l'échéance, l'administration avertit le titulaire du brevet d'avoir à effectuer son versement dans les six mois à partir du jour où la taxe est échue ; si, après toutes ces précautions et ces délais, le breveté reste inactif, il est présumable qu'il renonce à son droit. L'administration pour prix de son avertissement se contente de percevoir, outre l'annuité exigible, une somme de 10 francs. Peut-être dira-t-on que l'inventeur négligent ne mérite pas autant de bienveillance : mais entre la libéralité de la loi belge et la rigueur de la nôtre, il est facile de trouver un juste milieu. Si l'avertissement de l'administration paraît exorbitant, ne serait-il pas raisonnable au moins d'impartir au breveté un certain délai pour l'acquittement de la taxe ; et de l'admettre à justifier des causes qui ont pu rendre son retard inévitable ?

Lorsque le paiement de l'annuité n'a pas lieu dans les six mois, la loi belge déclare le brevet nul de plein droit : c'est le gouvernement, par un arrêté royal qui prononce la nullité. Observons qu'il ne s'agit ici que de la pure constatation d'un fait matériel : quel inconvénient y aurait-il donc à substituer dans notre loi la compétence administrative à la compétence judiciaire ? Qu'arrive-t-il chez nous ? Le breveté qui a laissé passer l'échéance de la taxe, espère conserver son droit en acquittant l'annuité arriérée, et en continuant à faire des [versements annuels. L'administration qui n'a point qualité pour prononcer la déchéance reçoit ces paiements jusqu'au jour où l'autorité judiciaire déclare le breveté déchu de son droit. En attendant, le public croit toujours à l'existence du brevet, et l'inventeur se comporte comme si son titre était valable. D'autre part, l'administration refuse de restituer les sommes perçues depuis le fait qui entraîne la déchéance, sous prétexte que le breveté a tiré profit de l'erreur où le public est resté jusqu'au jour de la décision judiciaire. Il y a donc là une situation fausse à laquelle il serait facile de remédier en attribuant le droit de prononcer la déchéance à l'administration qui publierait tous les trois mois, par exemple, la liste des brevets déchus.

La loi belge oblige le breveté à exploiter son invention dans l'année : ici encore c'est le gouvernement qui annule le brevet dont le titulaire ne s'est pas conformé à cette prescription. Mais la compétence judiciaire doit être maintenue dans notre loi ; car la question de savoir si la découverte a été réellement exploitée peut donner lieu à des difficultés dont il nous paraît impossible d'abandonner l'examen à l'administration. — Presque toutes les législations reconnaissent cette cause de déchéance, en accordant pour la mise en œuvre de l'invention un délai qui varie entre un et trois ans. En Angleterre, cependant, l'inventeur est libre d'exploiter sa patente quand bon lui semble ; et son inaction, plus ou moins longue, n'entraîne pas la perte de son droit.

Convient-il d'imiter la loi anglaise ou bien, comme on l'a proposé, d'augmenter le délai imparti à l'inventeur par notre législation ? Nous ne le croyons pas ; le délai de deux années nous paraît nécessaire et suffisant, d'autant plus que l'inventeur est admis à justifier des causes de son inaction.

La loi française interdit au breveté, sous peine de déchéance, l'importation des objets fabriqués à l'étranger et semblables à ceux qui sont garantis par son brevet. Les législateurs des autres pays ne se sont pas montrés aussi jaloux de leur industrie nationale, soit qu'ils aient estimé que cette protection était illusoire, soit qu'ils aient voulu favoriser les rapports industriels de nation à nation.

L'article 23 de notre loi, qui définit le caractère de nouveauté de l'invention, est l'objet d'assez vives critiques. Il suffit que le principe de la découverte ait été indiqué dans un ouvrage purement spéculatif, et publié à une date peut-être très ancienne, pour que les tribunaux prononcent la nullité du brevet. Dès lors, combien de brevetés peuvent-ils se dire certains de la nouveauté légale de leur invention ? La loi belge, ici encore se montre plus libérale et plus sage, à notre avis. Art. 24 : Le brevet est déclaré nul... « Quand il est prouvé que la spécification complète et les dessins exacts de l'objet breveté ont été produits antérieurement à la date du dépôt dans un ouvrage ou recueil imprimé et publié ; à moins que, pour ce qui concerne les brevets d'importation, cette publication ne soit exclusivement le fait d'une prescription légale.» Ce tempérament est de toute équité ; il nous semblerait d'ailleurs raisonnable de transporter la disposition tout entière dans notre loi. — D'autres législations, celles de l'Angleterre, de l'Autriche, de la Russie, par exemple, tiennent l'invention pour nouvelle, par cela seul qu'elle n'a été pratiquée ni rendue publique dans le pays même où le brevet est demandé. C'est, nous nous le rappelons, le système de notre loi de 1791 ; l'expérience l'avait condamné avant 1844 ; et nous croyons inutile de reproduire les protestations légitimes qui le firent disparaître de la nouvelle loi.

Confirmation des brevets. — C'est ici le lieu d'examiner une innovation importante qui constituait toute l'originalité du projet de loi de 1854. Pour mettre les brevets à l'abri des attaques incessantes auxquelles ils sont en butte, on avait imaginé le système suivant : l'inventeur, après deux ans d'exploitation de son brevet, peut en demander la *confirmation* au ministre du commerce. Celui-ci, après avoir pris l'avis d'un comité spécial, décide, s'il y a lieu, de donner suite à la demande ; et, dans le cas de l'affirmative, transmet les pièces aux secrétariats des préfectures, aux chambres de commerce, aux chambres consultatives des arts et manufactures, et s'il le juge utile, aux greffes des tribunaux de commerce et aux conseils de prud'hommes Un extrait de la demande est publié trois fois, de mois en mois, dans le *Moniteur*, et tels autres journaux que le ministre croira devoir désigner. Dans le délai de trois mois, à partir de la dernière publication, toute personne intéressée peut adresser une opposition au secrétariat du ministère ou des préfectures. S'il n'y a pas d'opposition, après un nouveau délai de trois mois, le ministre prononce la confirmation du brevet, sur l'avis du comité spécial dont il a été parlé plus haut. S'il y a eu des oppositions suivies, dans les trois mois de leur date, d'une action en nullité ou en déchéance, la confirmation ne peut être prononcée que lorsque la décision judiciaire qui a rejeté les oppositions n'est plus susceptible d'aucun recours. Le brevet ainsi confirmé est désormais inattaquable ; à moins que le breveté n'encoure la déchéance, dont les causes sont les mêmes que sous l'empire de la loi actuelle.

Tel est dans son ensemble le système de confirmation des brevets : répond-il bien au but qu'il se propose d'atteindre ? Nous en doutons. Sans parler des lenteurs et des frais qu'il entraîne, les objections les plus sérieuses s'élèvent contre lui pour le condamner. Et d'abord, n'est-il pas dangereux de créer ainsi deux catégories de brevets : les uns qui seront confirmés, et les autres qui ne le seront pas ? Qu'arrivera-t-il ?

L'inventeur pauvre reculera devant les frais de cette longue procédure de confirmation, et son brevet, peut-être parfaitement valable, tombant en discrédit, la contrefaçon lèvera la tête. Le breveté opulent au contraire, demandera toujours la confirmation d'un titre dont la valeur légale pourra être fort douteuse. Nous verrons alors se produire tous les inconvénients du système d'examen préalable ; et sous prétexte de protéger l'inventeur, on le livre à la merci de l'administration. N'est-il pas, en effet, exorbitant, ce pouvoir accordé au ministre de repousser ou d'accueillir la demande? Ne sommes-nous pas autorisés à y voir un grave empiétement sur le domaine de l'autorité judiciaire? Les intérêts du domaine public ne sont pas moins sacrifiés. Supposons la demande accueillie : sans doute on consultera un comité spécial composé d'hommes compétents, sans doute on provoquera les oppositions par une large publicité; mais cette enquête administrative présentera-t-elle toutes les garanties désirables? Est-il certain que la partialité ou l'erreur n'en vicieront jamais les résultats? D'ailleurs, la loi actuelle assure une protection suffisante aux intérêts que le projet de 1854 prétend sauvegarder. Nous savons, en effet, que le ministère public peut intervenir dans un procès en nullité ou en déchéance pour faire prononcer la nullité absolue du brevet. Si, comme on le prétend, il ne peut pas requérir de même la validité absolue du titre de l'inventeur, rien de plus facile que de lui accorder ce droit par une disposition formelle.

Droit des étrangers. — Nous avons vu dans quelle large mesure la loi de 1844 consacra le droit des étrangers en matière de brevets. Presque toutes les législations étrangères ont suivi l'exemple de cette hospitalité généreuse que la France offrait aux découvertes du dehors. Toutefois dans certains pays, l'étranger qui veut prendre un brevet est soumis à des conditions de résidence plus ou moins longue. Seule, la Prusse a refusé jusqu'ici d'admettre le principe de réciprocité qui règne entre toutes les nations. Aux termes de l'instruction ministérielle du 14 octobre 1815, l'étranger qui veut se faire breveter en Prusse doit y acquérir le droit de bourgeoisie ou bien prendre le brevet au nom d'un citoyen prussien. Il est vrai que depuis le traité de commerce conclu entre la Prusse et la France le 1er juillet 1865, les demandes de brevets peuvent être faites directement par l'inventeur français. Mais ces demandes sont soumises à l'examen d'un comité consultatif qui se montre très-difficile, surtout quand il s'agit de découvertes étrangères. Bien des inventeurs ont été victimes de cette partialité, car, non content de rejeter leur demande sans motifs sérieux, le gouvernement a maintes fois abusé de leur confiance en livrant le secret de l'invention à l'industrie prussienne.

A d'autres points de vue, la législation de la Prusse est la moins libérale de toutes celles qui existent; ainsi elle déclare non brevetables, tout un ordre de découvertes : celles qui ont pour objet des produits; les appareils, outils ou machines sont seuls susceptibles d'être brevetés. Observons toutefois que les patentes ne sont soumises à aucune taxe proprement dite : sous ce rapport, l'inventeur est plus favorisé que partout ailleurs.

Un projet de réforme mis à l'étude pour l'exposition universelle de 1867 fut abandonné à la suite de la publication d'un ouvrage dans lequel un économiste français, M. Michel Chevallier s'efforçait de ruiner la cause des brevets. Cependant le besoin d'une réforme se faisant sentir chaque jour davantage, la société des ingénieurs allemands vient d'élaborer un nouveau projet qui recevra bientôt sans doute une sanction législative. En attendant, la Prusse est régie par l'ordonnance de 1815, et par les principes de la convention du Zolwerein, qui furent ratifiés en 1843. Les 29 états allemands qui ont adhéré à cette convention, tout en se soumettant à certaines règles générales, se réservent le droit d'édicter telles dispositions particulières qui leur paraîtront convenir à leurs intérêts. Bornons-nous à mentionner l'art. 2 qui déclare les produits non brevetables ; et l'art. 3 qui, résolvant une question controversée chez nous, décide que le brevet n'est pas opposable aux personnes qui, avant sa délivrance, connaissaient déjà le secret de la découverte.

Brevets d'importation et d'introduction. — La plupart des législations étrangères admettent les brevets d'importation. Les unes, comme notre loi de 1844, exigent non-seulement que la découverte, soit brevetée à l'étranger, mais encore que le brevet d'importation, soit demandé par l'inventeur luimême ou son ayant-cause. Citons, à titre d'exemple la loi Autrichienne, du 15 Août 1852. Art. 3 ; la loi Italienne, du 30 octobre 1859. Art. 4 ; la loi Belge du 24 mai 1854. Art. 14. D'autres législations accordent un brevet au premier importateur d'une découverte, pourvu qu'elle soit encore sous la protection d'un brevet à l'étranger. C'est ce qui a lieu en Angleterre, en Russie (loi du 23 octobre 1840); en Bavière, (Ordonnance du 16 février 1842,) dans le Wurtemberg (Ordonnance du 30 novembre 1848.)

D'après la loi mexicaine du 3 novembre 1865, toute personne peut obtenir un brevet pour une découverte déjà patentée dans un autre pays; mais la demande de l'inventeur est toujours préférée. Au Canada, l'inventeur déjà breveté à l'étranger doit demander le brevet d'importation, dans le delai de 12 mois : ce délai expiré, la patente peut encore être délivrée mais elle n'est pas opposable, à ceux qui ont antérieurement exploité la découverte. (Acte sanctionné le 14 juin 1872. art. 7)

Certaines législations protègent les inventions connues à l'étranger, mais ignorées dans le pays où est délivrée la patente, alors même qu'elles ne seraient nulle part, au dehors, garanties par un brevet. Le privilége accordé dans ces circonstances, prend le nom de *brevet d'introduction*. On le trouve en Espagne, en Portugal, en Russie et dans les États du pape. Tandis que le brevet d'invention a généralement la même durée que la patente étrangère, le brevet d'introduction est presque toujours concédé pour une durée moindre: 5 ans en Espagne et au Portugal; 6 ans en Russie; à moins que celui qui demande la patente ne soit lui-même inventeur et breveté à l'étranger, auquel cas c'est un véritable brevet d'importation qui est délivré. Remarquons qu'en Espagne le privilége d'introduction ne protége que les objets fabriqués dans le royaume, sans enlever à personne le droit d'importer des produits similaires de l'étranger.

De tous ces systèmes, nous avons indiqué les motifs

qui nous font préférer celui de notre loi. Cependant il nous semblerait sage d'accorder à l'inventeur breveté à l'étranger le droit de prendre un brevet d'importation en France bien que sa découverte ait été publiée à raison même de la patente qu'il a obtenue dans son pays. Mais, comme ce système peut offrir des dangers, il y aurait lieu d'impartir à l'inventeur, breveté au dehors, un certain délai pour se mettre en règle chez nous.

Si un grand nombre de législations protègent les découvertes, quel qu'en soit l'auteur, de quelque pays qu'elles arrivent, il en est d'autres qui n'admettent aucune espèce de brevets et laissent sans protection tous les inventeurs, quelle que soit leur nationalité. En Turquie, eu Egypte et en Grèce, il n'existe pas de loi sur les brevets; cependant des priviléges, sous le nom de *firmans*, peuvent conférer un droit exclusif d'exploitation sur certaines découvertes. C'est, on le voit, le système qui était en vigueur chez nous avant les lois de 1791. La Suisse méconnaît d'une façon absolue la propriété industrielle. Enfin, la Hollande, qui possédait une législation sur les brevets, l'a supprimée, à partir du 1" août 1869.

Certaines lois étrangères déclarent non brevetable toute une classe de découvertes. C'est ainsi qu'en Autriche, il n'est pas accordé de brevets pour les compositions d'aliments, de boissons et de médicaments (Loi du 15 août 1852, art. 2). Nous trouvons ici un souvenir d'une disposition de notre loi, qui, bien que n'ayant pas la même étendue, n'en soulève pas moins de vives critiques. Il semble injuste, en effet, de dépouiller toute une catégorie d'inventeurs. Mais, dit-on, l'intérêt de la société exige que la découverte de remèdes nouveaux tombe sans délai dans le domaine public. Nous avons déjà répondu à cette objection : pourquoi ne pas autoriser la prise du brevet, tout en réservant à la société le droit d'en exproprier le titulaire, moyennant une juste et préalable indemnité ? Remarquons, à ce propos, que le projet de loi de 1854 consacrait, d'une façon formelle, l'application à la matière des brevets, des principes d'expropriation pour cause d'utilité publique. L'utilité publique devait être déclarée par un décret rendu en conseil d'Etat, et l'indemnité fixée par un jury spécial.

Répression de la contrefaçon. — Nous savons qu'en France, l'intention frauduleuse n'est pas nécessaire pour constituer le délit de contrefaçon : la loi punit quiconque, même de bonne foi, porte atteinte aux droits du breveté. Toutes les législations n'ont pas imité cette rigueur. Ainsi, d'après la loi belge (art. 5), la confiscation des objets contrefaits n'a lieu qu'au cas de mauvaise foi du fabricant. Observons que cette loi ne défend que l'usage commercial des produits brevetés, sanctionnant ainsi la jurisprudence qui prévaut chez nous. En Bavière, (Ord. royale du 10 février 1842, art. 28), lorsque le préjudice aux droits du breveté a été causé par ignorance et de bonne foi, il suffit de faire cesser l'entreprise illicite, sans prononcer d'amende. Ajoutons enfin que le projet de loi de 1854 ne déclarait le contrefacteur punissable que s'il avait agi sciemment. Nous ne saurions trop appeler cette réforme qui mettrait la loi sur les brevets d'invention en harmonie avec les principes du Code pénal, dont il est toujours dangereux de s'écarter. La rigueur de notre loi apparaît surtout en cas de récidive : l'industriel le plus probe qui, deux fois dans l'intervalle de cinq ans, porte atteinte à des brevets différents dont il ne soupçonnait pas l'existence, peut être condamné à 6 mois d'emprisonnement comme un vulgaire voleur ! Sans doute, les brevets sont publiés dans le bulletin des lois, et chacun est libre d'en prendre connaissance au ministère de l'agriculture et du commerce. Mais, je le demande, peut-on raisonnablement exiger de l'industriel qu'il connaisse les milliers de brevets délivrés depuis quinze ans? Et s'il habite à l'autre extrémité de la France, faudra-t-il donc qu'il vienne à Paris s'informer si le produit qu'il fabrique ou la machine qu'il emploie ne sont pas brevetés? Qu'on le condamne à la réparation du préjudice causé à l'inventeur : rien de plus légitime. Mais l'amende et la prison ne devraient jamais le frapper lorsqu'il est de bonne foi. Rappelons avec quelle ardeur M. Bethmont, devant la chambre des députés, s'éleva contre la disposition de l'art. 43, qui prévoit le cas de récidive. Tous ses efforts vinrent se briser contre cette objection, que l'art. 40 punissait le contrefacteur de bonne foi et qu'il n'était plus possible de revenir sur une disposition définitivement votée. Mais, si le législateur en 1844 s'est cru lié par le vote de cet article 40, rien ne l'empêche plus aujourd'hui de le modifier en déclarant que désormais l'intention frauduleuse sera un élément constitutif du délit de contrefaçon.

Compétence. — Il nous reste à parler d'une dernière réforme, la plus importante peut-être qui soit proposée à la loi de 1844. Il s'agirait d'enlever aux tribunaux civils la connaissance de toutes les affaires qui concernent les brevets pour en investir un jury spécial. On prétend ainsi remédier à deux inconvénients du système actuel : la contradiction qui se produit fréquemment entre les décisions des tribunaux; ensuite et surtout l'inexpérience des juges civils qui, n'ayant pas étudié spécialement les questions techniques soumises à leur examen, sont obligés de recourir chaque jour à des expertises longues et coûteuses. Reprenons chacune de ces objections pour examiner si elles sont bien fondées et si le remède qu'on propose est de nature à conjurer le mal. Et d'abord, pour mettre fin à la contrariété inévitable des décisions judiciaires, il faudrait organiser un jury unique siégeant à Paris qui connaîtrait de toutes les affaires relatives aux brevets d'invention. Ce système a été proposé. Mais est-ce bien le moyen de protéger le justiciable que de l'éloigner ainsi de ses juges et de le priver des deux degrés de juridiction ? D'ailleurs ces contradictions de la jurisprudence auxquelles on veut parer, sont une conséquence inévitable de ce principe souverainement juste : *Res inter alios judicata aliis nec nocere nec prodesse potest.* Elles peuvent se produire toutes les fois qu'une question de propriété est déférée aux tribunaux; elles se présentent même, ce qui est beaucoup plus grave dans les questions d'Etat. Cependant a-t-on jamais osé prétendre qu'il fallait attribuer la connaissance de ces questions à une juridiction spéciale et unique ? Pourquoi se montrer plus soucieux de la conformité des décisions judiciaires quand il s'agit des brevets d'invention ? D'ailleurs, le droit d'intervention du ministère public consacré par la loi de 1844, offre un palliatif sérieux au mal qu'on veut conjurer.

L'organisation d'un jury par département aurait l'avantage de mettre les juges plus à portée des justiciables ; mais nous refusons de nous incliner devant les raisons par lesquelles on combat la compétence des tribunaux civils. Sans doute, les juges auront bien rarement les connaissances spéciales que demande l'examen de la plupart des questions relatives aux brevets. Mais dans le cercle étendu de leur compétence, ne trouvons-nous pas des affaires de toute nature dont on n'a jamais prétendu qu'il fallait les dessaisir, sous prétexte qu'elles s'élevaient, par leur caractère technique, au-dessus de la capacité habituelle du magistrat ? Ne voyons-nous pas tous les jours, les tribunaux recourir à des expertises pour suppléer à l'insuffisance de leurs lumières ? A moins de créer pour chaque espèce d'affaires un jury composé d'hommes spéciaux, il faut maintenir la compétence générale des tribunaux civils. D'ailleurs êtes-vous bien sûrs, avec l'institution des jurys, d'éviter le mal que vous signalez ? Sera-t-il possible de réunir, dans chaque département, des hommes dont les lumières soient assez variées pour la multiplicité des questions que soulèvent les brevets ? Il faudra bien souvent recourir à des expertises. Où choisirez-vous les membres du jury ? Parmi les industriels intéressés peut-être à prononcer la nullité du brevet pour arracher une arme redoutable aux mains de leurs concurrents. Toutes les raisons qui condamnent le système d'examen préalable peuvent être invoquées ici avec la même force. La juridiction civile ne présente pas ces dangers : elle offre à tous les mêmes garanties d'impartialité.

Ajoutons enfin que les brevets ne soulèvent pas seulement des questions techniques : le jury sera-t-il compétent pour trancher les difficultés que fait naître chaque jour l'interprétation des textes ? Aura-t-il les lumières suffisantes pour faire une sage application de la loi sur les brevets, et des principes généraux qui la dominent ?

Nous croyons en avoir assez dit, pour discréditer une innovation qui peut séduire au premier abord, mais dont un examen sérieux fait bientôt ressortir les inconvénients et les dangers.

On a proposé aussi de substituer la juridiction commerciale à la juridiction civile. Devant les tribunaux de commerce, dit-on, la procédure est plus rapide et moins coûteuse ; en outre les juges consulaires sont mieux placés pour connaître les besoins de l'industrie et défendre ses intérêts. C'est là une vérité incontestable ; mais on oublie que les brevets soulèvent chaque jour des questions de propriété essentiellement civiles dont la connaissance doit appartenir à la juridiction de droit commun. D'ailleurs, est-il admissible que les tribunaux consulaires puissent punir la contrefaçon, prononcer des amendes et l'emprisonnement? Enfin, et cette dernière considération nous semble décisive, l'absence du ministère public enlèverait à la société une garantie indispensable qui lui est assurée devant la juridiction civile.

Le rapide coup d'œil que nous avons jeté sur les législations étrangères a mis en lumière les imperfections et les avantages de la loi française. Il nous a fait voir aussi bien des divergences dans une matière qui demande impérieusement à être régie partout par des règles uniformes. Car l'industrie comme le commerce d'une nation n'est florissante qu'à la condition de pouvoir s'étendre au dehors librement et sans entrave. Il est vrai qu'aujourd'hui, la plupart des législations s'accordent pour reconnaître et garantir le droit des inventeurs étrangers ; mais nous avons vu que cette protection ne leur était pas toujours pleinement assurée, et que même dans certains pays elle leur fait encore absolument défaut. Tous les peuples devraient enfin comprendre qu'il est de leur intérêt de s'unir dans une étroite solidarité : l'expérience prouve chaque jour que l'égoïsme national ne produit que des résultats funestes, surtout lorsqu'il vient mettre obstacle au développement des grandes transactions commerciales ou industrielles.

Mais il ne suffit pas que l'inventeur, à quelque pays qu'il appartienne, trouve partout la garantie impartiale de ses droits ; il faudrait encore que la législation des brevets s'inspirât du même esprit chez tous les peuples civilisés. Or, que voyons-nous ? Ici l'inventeur, seul juge de ses intérêts, obtient sans difficulté la patente qu'il sollicite ; là au contraire sa demande est soumise à un contrôle plus ou moins rigoureux, toujours plein de dangers. Telle invention brevetable en France ne l'est pas de l'autre côté de la Manche ou bien au-delà des Pyrénées. Bien plus, certains peuples ne reconnaissant pas la propriété industrielle, appellent la contrefaçon qui s'exerce à ciel ouvert, légalement.

Cette situation préjudiciable à l'inventeur et à l'industrie tout entière, demande un remède ; où le trouver ? Deux voies sont ouvertes : d'abord celle des traités qui garantiraient à l'inventeur, dans chaque pays, les mêmes droits que lui assure la législation de sa patrie. Les précédents ne manquent pas : la propriété littéraire et les marques de fabrique ont déjà fait l'objet d'un grand nombre de conventions internationales. L'autre moyen plus fécond en résultats, mais aussi plus difficile à réaliser, consisterait dans la réunion d'une conférence où tous les états du monde civilisé arrêteraient les principes généraux qui doivent régir les brevets d'invention. C'est ainsi que l'Allemagne a procédé en 1843, et nous avons vu 29 Etats divers adhérer à la convention du Zolleverein. Une autre tentative d'une portée plus considérable, fut faite à Vienne au mois d'août 1873, lors de l'exposition universelle. Un congrès fut organisé où sept Etats envoyèrent des représentants ; l'Autriche, l'Amérique, l'Angleterre, l'Allemagne, la Suisse, la Hollande et la Suède. Il est regrettable que notre pays n'ait point prêté son concours aux travaux de cette conférence : d'autant plus que les principes de notre législation y furent condamnés avec rigueur. Le congrès, pour faciliter ses études, renvoyant aux lois les meilleures sur les brevets d'invention, adopta comme modèles à suivre les lois américaine, anglaise et belge : quant à la nôtre, elle fut bien proposée, mais une assez forte majorité la repoussa. Il est permis de croire que cet échec a été subi grâce à l'absence de défenseurs sérieux et intéressés. — Nous devons à M. Lyon-Caen, agrégé à la Faculté de droit de Paris, la connaissance de tous ces détails, et des résolutions votées par le congrès international de Vienne. La question de vie ou de mort des brevets s'étant posée tout d'abord, une majorité imposante décida que : la protection des inventeurs doit être garantie dans la législation de tous les peuples civilisés. Ensuite le congrès proclama le droit des étrangers, et le principe d'examen préalable ; il se prononça pour la durée maxima de quinze ans assignée à tous les brevets, et pour une taxe modérée suivant une progression ascendante. Enfin il émit le vœu que le principe d'expropriation pour cause d'utilité publique fût appliqué aux brevets d'invention. Ce programme attend encore son exécution et l'entente internationale provoquée par le congrès de Vienne n'est pas réalisée. Toutefois il y a là un précédent, et nous sommes fondés à croire qu'une seconde tentative aurait des chances sérieuses de succès. Le rôle de la

France n'est-il pas tout tracé ? A la veille de cette grande exposition qui se prépare, ne devrions-nous pas songer à prendre l'initiative d'une nouvelle conférence qui cette fois réunirait les représentants de tous les pays du monde ? Mais il conviendrait auparavant d'apporter à notre loi les modifications qu'elle demande afin de pouvoir présenter au congrès une législation sinon parfaite, au moins telle que tous les peuples soient amenés à la prendre pour modèle en souscrivant à ses dispositions fondamentales.

Au moment même où nous formulions ce vœu, le gouvernement français songeait à reprendre l'œuvre inachevée du congrès de Vienne. Un arrêté du ministre de l'agriculture et du commerce, en date du 26 décembre 1876, vient d'instituer un comité consultatif du contentieux près du commissariat général de l'exposition de 1878. Une section spéciale de ce comité, sous le titre de *section de la propriété artistique et industrielle*, est chargée d'étudier les questions de brevets d'invention et de marques de fabrique, ainsi que l'application de la loi du 23 mai 1868.

Les grands corps de l'État, le conseil municipal de Paris, la chambre et le tribunal de commerce de la Seine, le barreau et l'industrie sont représentés dans ce comité consultatif. L'Ecole de droit y compte trois de ses membres : MM. Beudant et Leveillé, professeurs et conseillers municipaux et M. Lyon-Caen, agrégé, chargé du cours de législation industrielle à la Faculté de droit Paris.

Le comité n'a pas encore commencé ses travaux, mais dès que le moment sera venu, nous ne doutons pas qu'il sollicite l'intervention de tous les peuples qui se disposent à prendre part à notre Exposition, pour réunir les éléments d'une nouvelle conférence internationale.

Sans doute, la conciliation de tant d'intérêts divers est un problème difficile ; mais l'exemple du congrès de Vienne prouve qu'il est permis au moins de l'entreprendre, et c'est peut-être à la France qu'est réservé l'honneur de lui donner la solution définitive que l'industrie attend avec impatience.

POSITIONS.

DROIT ROMAIN.

I. Le chasseur n'est pas propriétaire de l'animal blessé par son fait tant qu'il ne s'en est point emparé.

II. Le propriétaire d'un fonds peut bien en interdire l'accès, mais il ne peut pas revendiquer le gibier qui a été pris sur sa terre.

III. Le prisonnier qui s'enfuit après que la paix est conclue, ne jouit pas du bénéfice du *postliminium*.

IV. Le butin pris sur l'ennemi n'appartient pas en principe au capteur, mais au peuple romain.

V. Les constructions élevées sur le rivage de la mer, appartiennent à celui qui les a édifiées.

VI. Le riverain acquiert l'alluvion et l'île née dans le fleuve, non pas à titre de premier occupant, mais parce qu'il est propriétaire du lit du fleuve.

VII. Celui qui abandonne volontairement sa chose, cesse aussitôt d'en être propriétaire avant même qu'un tiers l'ait appréhendée.

VIII. La cause d'acquisition du trésor est l'occupation pour la part afférente à l'inventeur, et la loi pour la part qui revient au propriétaire du fonds.

IX. L'accession n'est pas un mode d'acquisition de la propriété reconnu par le droit romain.

X. Lorsque la chose transformée par la spécification ne peut plus revenir à sa nature première, c'est l'occupation qui la fait acquérir au spécificateur.

HISTOIRE DU DROIT.

I. Les corporations de l'ancien régime étaient un souvenir des *collegia opificum* de l'époque romaine, et des *ghildes* des peuples germaniques. Bienfaisantes à l'origine et nécessaires contre les abus de la force, elles devinrent bientôt un obstacle au développement de l'industrie.

II. La législation de l'ancien droit ne protégeait pas la propriété industrielle : l'inventeur était réduit à demander des priviléges spéciaux subordonnés à l'arbitraire et au bon plaisir de la royauté.

CODE CIVIL.

I. Le brevet est un objet mobilier, incorporel qui tombe dans la communauté.

II. Lorsqu'un droit d'usufruit est constitué sur le brevet, il y a lieu de faire une ventilation sur les bénéfices réalisés : la part qui représente le travail et l'industrie de l'usufruitier lui est définitivement acquise. L'autre qui représente l'invention elle-même constitue au profit du nu-propriétaire un capital dont l'usufruitier lui devra compte.

III. Sous le régime sans communauté, le droit du mari sur le brevet appartenant à la femme se détermine d'après la règle que nous avons posée plus haut.

IV. Le brevet peut être donné en nantissement ; il suffit pour cela de se conformer aux prescriptions des art. 2074 et 2076 du Code civil : aucune signification n'est nécessaire.

V. Le tuteur peut, sans autorisation, céder le brevet appartenant au mineur.

VI. Sous le régime dotal, le mari peut aliéner le brevet apporté en dot par la femme.

VII. Lorsque la cession est résiliée par suite de la nullité du brevet prononcée en justice, le cessionnaire n'a droit à la restitution du prix que sous la déduction des avantages qu'il a effectivement retirés du brevet jusqu'au jour de la résolution.

VIII. Les tiers ne sont pas admis à se prévaloir de l'inexécution des charges de la cession pour prétendre que le cessionnaire a perdu la propriété du brevet. I en serait autrement toutefois, si le contrat renfermait une clause résolutoire expresse.

IX. Le défaut de nouveauté de l'invention et l'impossibilité d'exploitation industrielle n'ouvrent pas l'action en garantie du cessionnaire du brevet contre le cédant.

X. Lorsque la nullité du brevet a été poursuivie pour défaut de nouveauté, le demandeur qui a échoué dans son action ne pourrait pas la reproduire en la fondant sur un fait de publicité autre que celui qu'il invoquait dans le premier procès.

PROCÉDURE CIVILE.

I. Le ministère public ne peut pas intervenir en appel pour requérir la nullité ou la déchéance absolue du brevet.

II. Les actions qui concernent les brevets sont dispensées du préliminaire de conciliation.

III. Le tribunal civil, saisi d'une demande en nullité du brevet peut ordonner le renvoi au tribunal déjà saisi de l'instance en contrefaçon.

IV. L'ordonnance du président qui autorise la description ou la saisie n'est pas susceptible d'appel.

V. Mais le saisi peut user de la voie de référé pour

faire modifier l'ordonnance qui devient alors susceptible d'appel.

DROIT COMMERCIAL.

I. Le failli ne peut pas exercer une action en contrefaçon sans le concours du syndic.

II. Le tribunal de commerce est incompétent pour statuer sur une question de nullité ou de déchéance se présentant sous la forme d'une demande reconventionnelle ou d'une exception.

III. La cession du brevet, est en principe un acte civil ; elle prend un caractère commercial, si elle est faite par un négociant, à un négociant, ou bien si elle se lie à des opérations commerciales.

IV. L'art. 20 de la loi de 1844 n'est pas applicable dans le cas où la liquidation de la société attribue le brevet soit à l'inventeur lui-même qui en avait fait l'apport, soit à un autre associé, soit même à une personne étrangère à la société.

DROIT CRIMINEL.

I. Le délit de contrefaçon, en matière de brevets,

existe indépendamment de toute intention délictueuse.

II. L'art. 41 de la loi de 1844, énumère limitativement les cas de complicité de la contrefaçon.

III. Lorsqu'avant le procès correctionnel, ou bien au cours des débats, une demande en nullité du brevet est portée devant la juridiction civile, le tribunal répressif est libre de statuer immédiatement ou, s'il le juge convenable, de surseoir jusqu'à la décision du tribunal civil.

IV. Le tribunal correctionnel saisi d'une action en contrefaçon peut apprécier, comme moyen de défense, l'exception tirée par le prévenu de la nullité ou de la déchéance du brevet ; mais sa décision à cet égard n'a pas l'autorité de la chose jugée.

V. L'usage continu de l'objet contrefait constitue non un délit successif, mais une succession de délits distincts et soumis séparément à la prescription.

VI. Le breveté ne peut pas saisir les produits contrefaits à l'étranger qui traverse le territoire français en transit.

DROIT ADMINISTRATIF.

I. Le ministre ne doit tenir aucun compte des oppositions qui peuvent être faites à la délivrance du brevet.

II. Le rejet de la demande irrégulière n'est pas une faculté, c'est un devoir pour le ministre.

III. L'administration exerce un pouvoir souverain quant au rejet des demandes irrégulières.

IV. L'inventeur peut se pourvoir devant le Conseil d'Etat contre l'arrêté ministériel qui rejette sa demande de brevet.

V. L'administration est absolument incompétente pour statuer sur les questions de validité ou de propriété des brevets.

DROIT DES GENS

I. Le brevet dans quelque pays qu'il soit délivré, confère un droit purement territorial qui expire à la frontière. L'étranger qui fabrique dans sa patrie les produits brevetés en France, ne peut donc pas être poursuivi par nos tribunaux.

II. Le brevet d'importation expire avec le brevet étranger, même quand celui-ci est frappé de nullité ou de déchéance.

III. Le brevet pris en France est valablement cédé

à l'étranger, dans les formes du pays où l'acte est passé suivant la règle : *locus regit actum*. Toutefois la cession n'est opposable aux tiers qu'autant qu'elle a été enregistrée conformément à l'art. 20.

Vu par le président de la Thèse,
LEVEILLÉ.

Vu par le Doyen,
COLMET-DAAGE.

Vu et Permis d'imprimer
Le Vice-Recteur de l'Académie de Paris,
A. MOURIER.

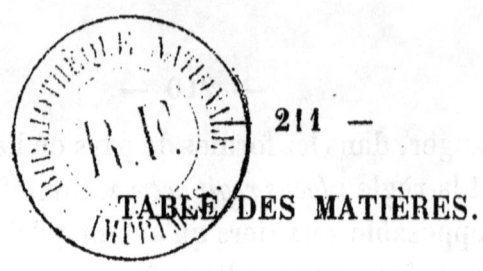

TABLE DES MATIÈRES.

DROIT ROMAIN.

Chapitre Ier	Historique et caractères généraux de l'occupation.	XV
Chapitre II.	De l'occupation des êtres animés .	
	§ 1. *Venatio et piscatio.*	XX
	§ 2. *Præda bellica*	XXIX
Chapitre III.	*Occupatio* proprement dite et *Inventio.*	
	§ 1. *Res communes*	XXXII
	§ 2. *Res nullius* proprement dites .	XXXVIII
	§ 3. *Res quæ dominum amiserunt volentem : pro derelicto.*	XL
	§ 4. *Res quæ amiserunt dominum aut casu aut invitum : thesauri* . . .	XLIII
Appendice.	De l'accession et de la spécification.	XLIX

DROIT FRANÇAIS.

	INTRODUCTION	12
	HISTORIQUE.	17
Chapitre Ier.	Dispositions générales.	
	§ 1. Notion du brevet	19
	§ 2. Brevetabilité	34
	§ 3. Appréciation des Tribunaux .	36
	§ 4. Compositions pharmaceutiques et plans de finance	39
	§ 5. Dessins de fabrique	41
Chapitre II.	Formalités relatives à la délivrance des brevets.	
	§ 1. Demande des brevets . . .	43
	§ 2. Formes de la demande. . .	50
	§ 3. Délivrance des brevets . . .	57

	§ 4. Publication et communication des brevets.	58
Chapitre III.	Brevets de perfectionnement et certificats d'addition.	64
Chapitre IV.	De la transmission et de la cession des brevets.	
	§ 1. Formes de la cession . . .	71
	§ 2. Effets de la cession. . . .	78
Chapitre V.	Droit des étrangers. — Brevets d'importation	83
Chapitre VI.	Nullités et déchéances.	
	§ 1. Nullités	97
	§ 2. Déchéances.	103
	§ 3. Actions en nullité et en déchéance.	115
Chapitre VII.	Actions relatives à la propriété des brevets	118
Chapitre VIII.	De la contrefaçon.	
	§ 1. De la contrefaçon proprement dite.	129
	§ 2. De la complicité.	138
	§ 3. Constatation de la contrefaçon	145
	§ 4. Droit de poursuite	150
	§ 5. Tribunaux compétents pour connaître de la contrefaçon . .	153
	§ 6. Défenses à la poursuite ; chose jugée	159
	§ 7. Répression de la contrefaçon	169
	§ 8. Prescription.	174
	Conclusion	202

PARIS. — IMPRIMERIE MOQUET, RUE DES FOSSÉS-SAINT-JACQUES, 11.

www.ingramcontent.com/pod-product-compliance
Lightning Source LLC
Chambersburg PA
CBHW070633170426
43200CB00010B/2001